＼息子たちと一緒に育ったレシピ／

上田家ごはん

上田淳子

文化出版局

はじめに

　幼い頃の息子たちは好き嫌いも多く小食で、親として悩みがつきない子育ての日々でした。

「こうすると食べるかな？　おいしいって言ってくれるかな？」思い返せば、そんなことばかり考えながら料理をしていたように思います。

　おなじみのメニューでも味つけを調整したり、切り方を変えてみたり、好きな食材を使ってみたり……。

　小さな工夫を重ねることで、お店のような華やかさはないけれど、家族の口に合い、食べ終わった後に「またすぐに食べたい！」そう思える品々が、子どもの成長とともにゆっくりゆっくりでき上がっていったように思います。

　最初はうまくいかずいろいろ悩んだからこそ、でき上がったレシピです。今思うに、子育て同様、料理も少しずつ育っていくのですね。

　この本では、ちょっと面倒だったり、時間がかかったりするけれど、食卓に

出せば笑顔になり歓声が上がる、家族中が太鼓判のレシピを揃えました。

子どもと一緒に育つ「わが家の味」。今振り返ると何よりの人生のご褒美であり、かけがえのない宝物です。この本がご自身の「わが家の味」を生み出すヒントになればうれしいです。

上田淳子

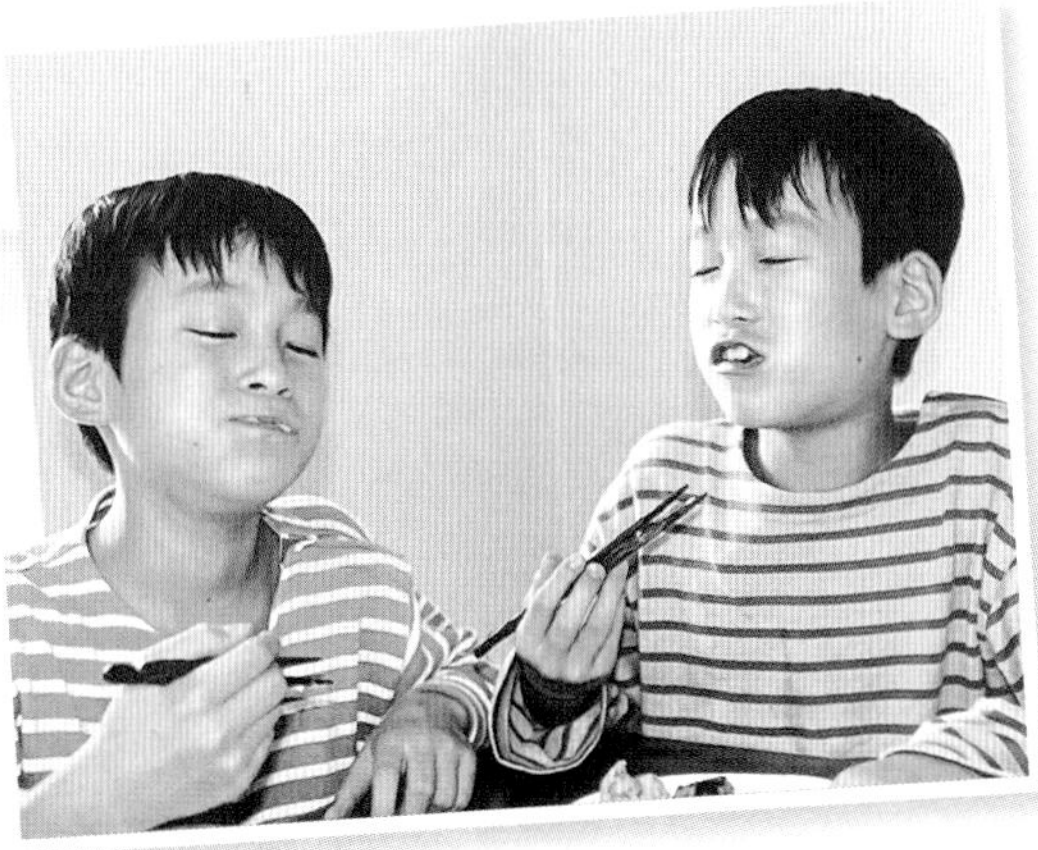

上田家の双子の息子、7歳の頃。

目次

この本の決り

- 小さじ1は5mℓ、大さじ1は15mℓ、1合は180mℓ、1カップは200mℓです。
- 野菜の洗う、皮をむくなどの通常の下ごしらえは、省略してあります。
- 塩は天然塩を使用しています。精製塩を使用する場合は、分量を控えめにしてください。
- 火加減は特に指定のない場合は、中火です。
- オーブンの焼き時間や温度は機種によって多少異なります。レシピを目安に、様子を見ながら調整してください。
- 電子レンジの加熱時間は600Wを使用した場合の目安です。

わが家のロングセラー

息子たちが小さかった頃から今でもずっと、
成長に合わせて進化しながらも作り続けている
わが家の味はたくさんあります。
家族が大好きな味であることはもちろん、
自分が作りやすいようにレシピに工夫を重ねていったことも
わが家で長続きした秘訣だと思います。
息子たちとともに二〇年かけて育った料理、
甲乙はつけ難いですが、
中でも不動の人気を誇る一〇品をご紹介します。

シャキシャキ食感がたまらない

もやし春巻き

子どもたちはいわゆる春巻きの具のとろとろが好き、
私はその具作りの手間を少しでも省きたい。
そこで互いの意見を尊重して生まれたのがこの春巻きです。
彼らに「好物は？」と聞くと必ず「もやし春巻き」と
答えが返ってくる鉄板メニューです。
具の材料は切らずに使えるものなので、手軽に作れます。
シャキシャキとした食感が人気の秘訣。
最盛期には一度に二〇本揚げて、一人五〜六本食べていました。

材料（10本分）

春巻きの皮…10枚
豚赤身ひき肉…150g
もやし…400g
たけのこ（細切り）…100g
サラダ油…大さじ1弱
塩、こしょう…各適量
水溶きかたくり粉（かたくり粉大さじ1½＋水大さじ3）
小麦粉のり（小麦粉大さじ1＋水大さじ1）
揚げ油

上田メモ

●水溶きかたくり粉を入れる際、フライパン内を手早く混ぜながら加えること。

●春巻きは揚げる直前で巻くこと。

作り方

1 水溶きかたくり粉と小麦粉のりのそれぞれの材料を混ぜ合わせておく。たけのこは、熱湯でさっとゆでこぼして、湯をきっておく。

2 フライパンにサラダ油をひき強めの中火にかける。熱くなったら、豚ひき肉を入れてパラリとなるまでいため、塩少々で味をつける。**1**のたけのこを加えさっといためて油をなじませる。火を強め、もやしを加えてさっといため、塩小さじ1程度、こしょうで味を調える。全体を箸で混ぜながら水溶きかたくり粉を再度よく混ぜて加え、とろみが均一になるように手早く箸でほぐすように混ぜ、全体にとろみがつくように仕上げる。バットなどに入れて完全に冷ます。

3 春巻きの皮を表側を下にして置く（基本的につるつるした面が表側）。10等分した**2**の具をのせ、きっちり巻き上げ、小麦粉のりを皮の角の両側の辺4㎝程度にしっかりとぬってとめる。こうすることにより、具の水分が外に出るのを防ぎ、揚げる際の油はねを抑えることができる。

4 揚げ油を180℃程度に熱し、**3**の春巻きを3分程度かけてこんがり揚げる。

これぞ革命的メニュー！

キャベツとんかつ

「レシピとしても、わが家の定番としても最強メニュー。知らないうちにあれだけのキャベツが食べられるものはない」と息子。とんかつに添えたキャベツがいつも食べ残される問題解決のために「そうだ、包んでみよう！」と思い立ったのが、きっかけです。キャベツは五ミリ〜一センチ幅に少し太めに切るのがこつで、それを薄切りの豚肉で包みます。ザクザクとした食感で食べ応えも充分。大人気なうえに、経済的なのがロングセラーたるゆえんです。

塩もみしたキャベツを薄切り肉で包む。

1回包んだら、キャベツが出ないように向きを変えて別の薄切り肉でもう1回包み込む。

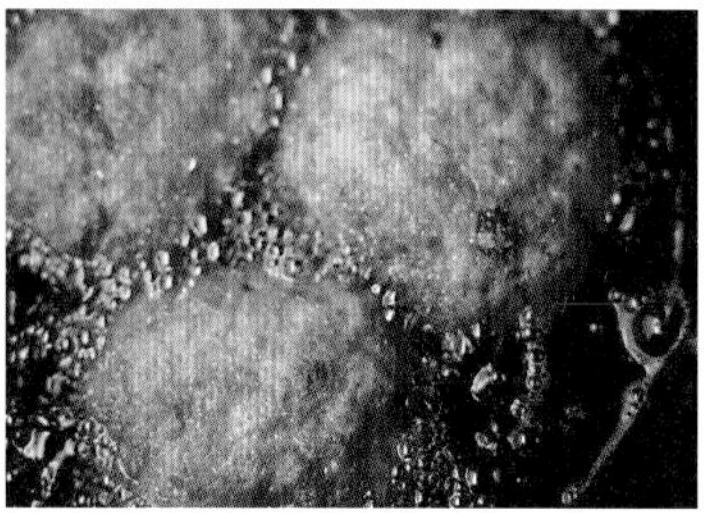

薄切り肉なので火の通りも早く、すぐ揚がるのもうれしい。

材料（6個分）

豚ロース肉（薄切り）…24枚（400〜500g）
キャベツ…400g
塩…小さじ1強
パン粉…適量
小麦粉…適量
揚げ油

バッター液（泡立て器で混ぜる）

小麦粉…60g
とき卵…½個分
牛乳…60mℓ

作り方

1 キャベツは1㎝弱幅に切ってボウルに入れ、塩を加えてまぶし、軽くもむようにして10分程度おく。再度軽くもんで、水でさっと洗って塩気を取り、しっかり水気を絞ったら6等分にしておく。

2 豚肉は脂身が重ならないように、幅の広い方と細い方を合わせるようにして、端を少し重ねて長方形に置く。2セット用意。豚肉の中央に、**1**のキャベツをのせ、両端から包み込む。包み終りの面を下にして、もう一組の豚肉に、キャベツが見えている側面を包むようにのせて同様に包み込む。手で軽くおにぎりのように押さえて形を整える。残り5個分も同様に作る。

3 ボウルにパン粉を入れ、手で軽くもみ、細かくしておく。**2**に小麦粉をつけ、バッター液にくぐらせ余分な液を落とし、パン粉を全面にむらなくつける。

4 揚げ油を170℃に熱し、**3**を入れる。2〜3分揚げ、裏返して2〜3分、その後さらにときどき返しながら3〜4分揚げて、全体にこんがり揚げ色がついたら油をきる。半分に切って器に盛る。

塩豚って、エライ

ローストポーク

大きな塊肉の醍醐味が味わえる圧倒的なわが家のごちそうです。お値頃な豚肩ロース塊肉をどーんとまるごと塩豚にしておき、野菜と白ワインとともに鍋に入れ、オーブンでローストします。切り分けるときはぜひ、食卓でみんなの前で。肉の内側がほんのりピンク色なら大成功。一気に盛り上がること間違いなしです。これにサラダがあれば充分。余分に焼いておけば翌日以降もサンドイッチにしたりして長く楽しめます。

材料（作りやすい分量）

豚肩ロース肉（塊）…800g
塩…小さじ2強
玉ねぎ…大2個
じゃがいも…小4個
にんにく…1かけ
白ワイン（辛口）…½カップ
サラダ油…小さじ2

作り方

1 豚肉に塩をすり込み、ポリ袋などに入れ冷蔵庫で1日おく（3日程度保存可能）。

2 玉ねぎは繊維を断ち切るように横に薄い輪切りにする。にんにくは半分に切って芽を取り、薄切りにする。じゃがいもは、たわしで皮をきれいにこすり洗いしておく。

3 鋳物鍋に、サラダ油小さじ1をひき、**2**の玉ねぎとにんにくを広げる。オーブンを200℃で予熱する。

4 **1**の豚肉の表面の水分をキッチンペーパーなどで拭く。フライパンにサラダ油小さじ1を広げ強めの中火にかける。熱くなったら豚肉をのせ、表面に軽く焼き色をつけ、**3**の鍋に入れ、周りに**2**のじゃがいもも入れる。

5 **4**を中火にかけ、鍋が熱くなったら白ワインを加え、沸いてきたらふたをし、オーブンに入れ、50分を目安に焼く。串を刺して肉汁が赤くなくなればOK。取り出したら、そのまま15分程度おいて肉汁を安定させてから切り分ける。

上田メモ

●豚肉はネットがかかった焼き豚用（1本400g程度）を2本でも。その場合は焼き時間が30〜40分で済みます。じゃがいもは火の通りがいいように小さめを選びます。ソースの玉ねぎがかたいようであれば、豚肉を取り出して、再度オーブンで5分程度ふたをして火を通してください。

●鋳物鍋がない場合は、大きめの耐熱皿にいためた玉ねぎ、焼いた豚肉、じゃがいも、沸かしたワインを入れ、ホイルを2枚重ねてかぶせしっかり密閉して、オーブンで同様に焼いてください。

上　写真のように肉を切ったときに内側がほんのりピンク色でジューシーな状態がベスト！／右　玉ねぎの上に焼き色をつけた肉とじゃがいもも入れて白ワインを注ぐ。

味が違うから食べ飽きない
三つの味のコロッケ

私の実家から受け継いだコロッケで、
食べ飽きないようにと昔から三つの味。
それぞれの味がわかるようにコロッケの形を変えて作ります。
小判形はプレーン、俵形はチーズ、
丸はカレー味というのが長年のルール。
じゃがいもはなめらかな食感になるメークインを使います。
このコロッケのように実家の味が上田家の定番になったものは
たくさんあって、ポテトサラダ（四四ページ）もそのひとつです。

左から丸はカレー味、小判形はプレーン、俵形はチーズ入り。

材料（4人前）

じゃがいも（メークイン）…600g
合いびき肉…100g
玉ねぎ（みじん切り）…100g
サラダ油…小さじ2
塩…小さじ¼
こしょう…適量
生クリーム（または牛乳）…小さじ2〜3
プロセスチーズ…50g
カレー粉…小さじ1弱
小麦粉、とき卵、パン粉…各適量
揚げ油

作り方

1 じゃがいもは皮をむいて、ゆでやすい大きさに切り、水から串が通るまでやわらかくゆでる。水気をきって、鍋に入れ火にかけ、軽く水分を飛ばし、ボウルに移して熱い間にマッシャーなどでなめらかになるようにつぶす。

2 フライパンにサラダ油をひき中火にかける。熱くなったら、玉ねぎをさっといためる。しんなりしてきたら端に寄せ、ひき肉を加えていため、あらかた火が通ったら玉ねぎと混ぜ塩、こしょうで味を調え、粗熱を取る。

3 **1**と**2**と生クリームを混ぜ合わせ、味をみて塩気が足りないようであれば塩少々（分量外）を加える。

4 **3**を3等分にし、⅓はそのまま小判形に4個、⅓は角切りにしたプロセスチーズを入れて俵形に4個、残りのたねにはカレー粉を混ぜて丸く4個に形作る。小麦粉をたっぷりつけて余分な粉を落とし、とき卵にくぐらせ、パン粉をしっかりつけ、180℃の揚げ油できつね色になるまで揚げる。

母の好物がいつしか家族の大好物に

マカロニグラタン

私が子どもの頃からの永遠の憧れ、
マカロニグラタン。
初めて子どもたちに作ったときは
マカロニがソースの水分を吸って
ふやけてしまい、おいしくできなかった！
それから試行錯誤を続けて、今や
わが家の冬の定番メニューになりました。
こつは、ホワイトソースを
作るときに牛乳を加えたら沸くまで
決して混ぜないこと、
沸いたら均一になるまで
混ぜてから次の牛乳を加えること、
そしてマカロニは焼く直前に
ホワイトソースと混ぜること、です。

材料(4人前)

鶏もも肉…200g
マッシュルーム…200g
玉ねぎ…½個(100g)
マカロニ…100g
ピザ用チーズ…80g
サラダ油…小さじ1
塩、こしょう…各適量

ホワイトソース

小麦粉…50g
バター…50g
牛乳…700mℓ
塩、こしょう、ナツメグ
(あれば)…各適量

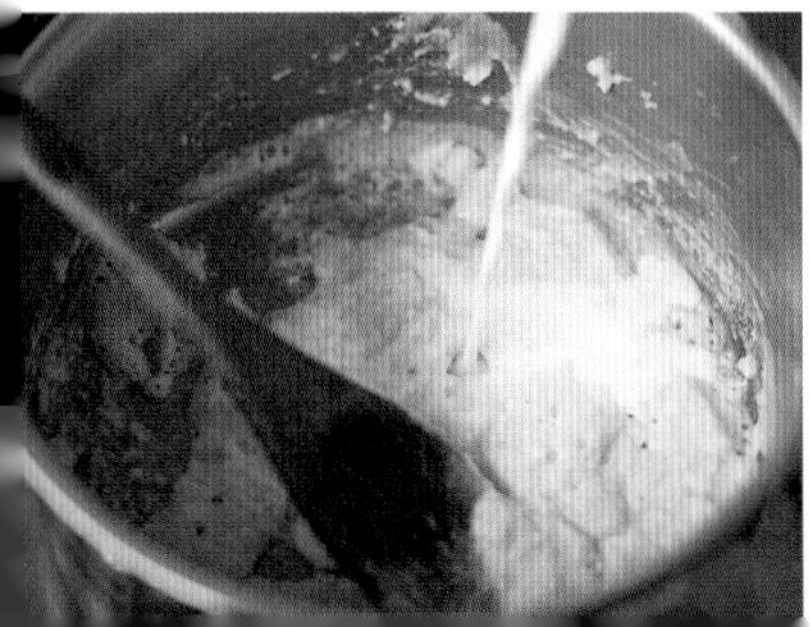

上　とけてぷくぷくした状態のバターに小麦粉を入れたところ。焦がさないよう丁寧にいためる。／左　牛乳を加えたらポコポコと沸いてくるまでかき混ぜずに待つ。

作り方

1 鶏肉は余分な脂を取り、小さめの角切りにする。玉ねぎは薄切り、マッシュルームは石づきを取って5㎜厚さ程度に切る。マカロニは表示どおりにゆでて湯をしっかりきっておく。

2 鍋にバターを入れて中火にかけ、とけてぷくぷくしてきたら小麦粉を一気に加える。木べらなどで丁寧に混ぜ、粉臭さがなくなるまで焦がさないように、ペースト状からプクプク沸いた状態になるまでいため、牛乳の半量を加える。決してかき混ぜずに待ち、ポコポコと沸いたら木べらで一気に混ぜ、均一になめらかになるまでしっかり混ぜ続ける。残りの牛乳の半量(150mℓ)を加え、ソースの塊が焦げつかないようにへらで軽く動かし、牛乳が下にも回るようにする。牛乳がポコポコ沸いてくるまで混ぜずに待ち、へらでなめらかになるまでしっかり混ぜ合わせる。残りの牛乳を加え、同様に繰り返す。塩、こしょう、ナツメグで味を調える。

3 フライパンにサラダ油をひき中火で熱し、玉ねぎ、鶏肉、マッシュルームを入れ、玉ねぎがしんなりし、鶏肉に火が通るまでいため、軽く塩、こしょうをする。

4 オーブンを200℃に予熱する。焼く直前に**3**の具、**1**のマカロニ、**2**のホワイトソースを混ぜ合わせ、グラタン皿に入れる。チーズを散らし、オーブンに入れ15分を目安に、こんがり焼き色がつくまで焼く。

キャベツの水分は力を込めてぎゅーっと絞る！

成功の秘訣は水の出し入れ

ギョーザ

日頃さほど手伝いをする息子たちではありませんでしたが、「作らざる者食べるべからず」という家訓のもと、ギョーザだけは例外。とにかくすごい量を作るので、一人では時間がかかりますし、一緒に作ることでイベント感も出ます。

このレシピも工夫を重ねて今に至ります。

ギョーザの主な失敗は焼くときに皮が破れること。

材料の水分の出し方、入れ方がその解決法です。

キャベツは塩をして徹底的に水分を出し、豚肉に直接水分を加えることでジューシーな焼上りに。家族みんなの大好物です。ぜひお試しを。

材料（24個分）

ギョーザの皮…24枚
豚ひき肉（多少脂身のあるもの）…100g
キャベツの葉…中3枚（150g）
にら…20g
長ねぎ…3cm
A
- しょうが（すりおろし）…小さじ½
- 砂糖…小さじ1
- ごま油…小さじ1
- 酒…小さじ2
- しょうゆ…大さじ1

サラダ油…小さじ2
酢じょうゆ、ラー油…各適量

作り方

1 キャベツは細かいみじん切り、にらは小口切り、ねぎはみじん切りにする。キャベツに塩小さじ½（分量外）をふり、よくもむ。水気が出てしんなりしたらざるに入れ、水で塩気をゆすいで、水気をきり、ぎゅーっと水気をしっかり絞っておく。

2 ボウルにひき肉と**A**を入れてペースト状になるまで充分に練る。水大さじ1½を少しずつ加えて混ぜ、さらにしっかり練り、ふんわりやわらかいペースト状になるように練り混ぜる。**1**を加え、ふんわりと混ぜ合わせる。

3 **2**をギョーザの皮で底面が平らになるように包み、口をしっかり閉じる。

4 薄くサラダ油をひいたフライパンに**3**を並べ中火にかける。底が白っぽく固まってきたら、熱湯を底から1cm程度の高さまで注ぎ、煮立ったらふたをして3分程度加熱する。ふたを取り、水分がなくなり底が焼けて色がつきはじめぱちぱち音がするまで焼く。フライ返しなどを使って、フライパンにくっついているギョーザをはがす。仕上げに鍋肌からサラダ油（またはごま油）大さじ½（分量外）を回し入れ、軽くフライパンを揺すって油を底に回し、底がぱりっと焼き上がったらフライパンに皿をかぶせてひっくり返す。酢じょうゆとラー油を添える。

巻くひと手間で変わる鶏もも肉

ジンジャーチキンロール

普段のおかずとしてはもちろん、
子どもたちのお弁当にも大活躍したわが家の定番作りおきです。
野菜いために、ラーメンの具に、あえ物に、
おかずに困ったときにもあると便利。簡単に作れて、コスパもいい。
鶏もも肉に、しょうがのせん切りをのせてぐるぐると巻いて煮るだけ。
ゆで卵も一緒に漬けておけば、味がしみていっそうおいしくなります。
しょうがのほかに、レーズンを入れるのもおすすめです。

材料（2本分）

鶏もも肉…2枚（500〜600g）
しょうが（せん切り）…10g
にんにく（たたく）…1かけ
しょうゆ…大さじ3
みりん…大さじ3
砂糖…小さじ2
ゆで卵…4個

作り方

1 鶏肉は余分な脂を取る。まな板に皮を下にして鶏肉を置き、全体にしょうがを散らして手前からしっかり巻く。たこ糸で2重に縛る。

2 鍋に1、水1カップ、しょうゆ、みりん、砂糖、にんにくを入れ、落しぶたをして中火にかける。

3 沸騰したら弱めの中火にし（絶えず煮汁が沸騰している状態）、途中一度肉を裏返して15分煮る。火を止めてそのまま冷ます。

4 冷めたら煮汁ごと保存容器に移す。その際ゆで卵を一緒に漬ける。

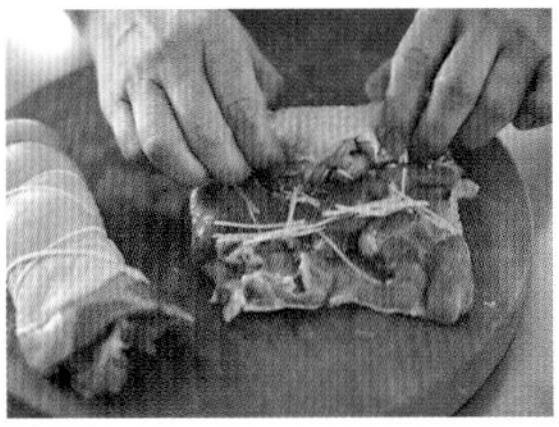

皮が表になるようしょうがを包むように巻く。

季節の野菜が主役、毎回味が違うのがいい

チキンと野菜のカレー

わが家のカレーはその都度冷蔵庫にあるもので作るので、具も味も毎回変わるいわば〝名もなきカレー〟。だから正解がない。でも家族の誰からも文句が出ない。息子いわく「余り野菜を全部ぶち込んで作るので、今日はどんな味？と毎回ワクワク感がある」。これは水を一滴も加えず、トマト、玉ねぎ、なす、ズッキーニなど野菜の水分のみで作る夏バージョン。

野菜が多めなので、ルーは辛口がおすすめ。

水分の少ない野菜で作る場合は水やトマトジュースで調整します。

材料（4~6人前）

鶏もも肉…1枚（300g）

A
- にんにく（すりおろし）…小さじ½
- しょうが（すりおろし）…小さじ1
- 塩…小さじ½
- こしょう…少々

B
- 玉ねぎ…2個（400g）
- なす…2本（150g）
- ズッキーニ…1本（200g）

完熟トマト…大2個（400g）
カレールー（辛口）…50〜70g
塩、こしょう…各適量
ご飯…適量

作り方

1 鶏肉は余分な脂を取り、一口大に切ってAをもみ込んでおく。

2 Bの野菜は1.5㎝程度の角切り。トマトはざく切りにする。鍋（ふたがぴっちりできるもの）に野菜をまんべんなく入れ、上に1の鶏肉を広げる。ふたをして中火にかけ、温まってきたら火を少し弱め、焦げつかないように気をつけながら弱火で15分程度煮る。全体を混ぜ、ふたをしさらに10分煮る。

3 火を止め、カレールーを入れ熱で溶けたらよく混ぜ再度弱火にかけ、とろみがついたら、塩、こしょうで味を調える。器にご飯とともに盛る。

筑前煮

冬は鍋いっぱいに

私の祖母から受け継いだ味がもとになっています。
お正月に帰省するといつも大鍋で煮てあったのを思い出します。
鶏のうまみが蓮根、ごぼう、にんじんなどの根菜にしみて本当においしい。
今や家族中が大好きで、私も冬は鍋いっぱいに作ります。
私のお気に入りの作り方は、砂糖やみりんの甘みを入れて少し煮てから、
最後にしょうゆを加えて煮ます。しっかりと味がしみ込んでいっそう
おいしくなりますよ。余ったら刻んでチャーハンの具にもおすすめです。

材料（作りやすい分量）

鶏もも肉…大1枚（300g）
こんにゃく…1枚（200g）
ごぼう…1本（150g）
にんじん…1本
蓮根…200g
絹さや…適量
サラダ油…大さじ1
A
- 酒…大さじ3
- だし汁…1カップ
- みりん…大さじ2
- 砂糖…大さじ1

しょうゆ…大さじ2½

作り方

1 にんじんは1㎝強、蓮根は2㎝程度の半月またはいちょう切りにし、蓮根は水にさらしておく。鶏肉は一口大に切る。こんにゃくは食べやすい大きさにスプーンなどでちぎり、鍋に入れて全体がかぶる程度の水を注ぎ、中火にかける。沸いたら5分程度そのままゆでて湯をきる。ごぼうは7㎜幅の斜め切りにし、鍋に入れ、かぶる程度の水を注ぎ沸いたら5分程度そのままゆでて湯をきる。絹さやはさっとゆでて水気をきり、斜めに半分に切る。

2 鍋にサラダ油をひき中火で熱し、鶏肉、ごぼう、こんにゃくをいため、鶏肉の色が変わってきたらにんじん、蓮根を加えさっといためる。

3 2にAを入れふたをして、煮立ったらそのまま5分程度煮る。しょうゆを加えて全体を混ぜ、弱火にしふたをしてさらに8分程度煮る。ふたを取り火を強め、煮汁がほぼなくなるまで混ぜながら煮る。器に盛りつけ、絹さやを散らす。

砂糖の甘みを入れた後にしょうゆを入れるのがこつ。

酢豚

野菜たっぷり、これがまたおいしい!

とろっとした甘酢あんのおかげで野菜をいっぱい入れても息子たちが残さず食べてくれたのが、この酢豚です。小さい頃はケチャップ風味でしたが、彼らの成長とともにレシピも進化してきました。作るのにはひと手間かかりますが、食卓に上るとわーという声が上がる家族中が大好きなメニューです。このレシピのほかにも最近は、野菜一種類と豚肉、黒酢でもっとシンプルに作ることもあります。

材料(4人前)

豚肩ロース肉(塊)…300g
酒、しょうゆ…各小さじ1
かたくり粉…大さじ2
玉ねぎ…1個(200g)
にんじん…½本(70g)
ピーマン…3個
しいたけ…3枚
にんにく(みじん切り)…小さじ1
しょうが(みじん切り)
…大さじ½
サラダ油(揚焼き用)
…大さじ4程度

甘酢あん

しょうゆ、酢、砂糖
…各大さじ2½
水…½カップ
かたくり粉…小さじ2

作り方

1 豚肉は一口大の角切りにして酒としょうゆをからめる。

2 玉ねぎはくし形に切り、さらに横に半分に切り、にんじんは薄めの半月切りにして、ともにさっとゆでておく。ピーマンは食べやすい大きさに切る。しいたけは石づきを取り、4等分に切る。

3 **1**の豚肉にかたくり粉をまぶす。フライパンにサラダ油をひき中火で熱し、豚肉を並べ、火が通りからりとなるまで4分程度揚焼きにする。いったん取り出す。

4 **3**のフライパンの油を大さじ2程度残し、にんにく、しょうがを入れる。香りが立ってきたら**2**の野菜を入れていためる。しんなりしたら甘酢あんの材料をよく混ぜて加え、手早く混ぜてとろみをつける。最後に**3**の豚肉を加えて混ぜ、とろみが全体になじむようふつふつ煮立てる。

かたくり粉をまぶした肉は少ない油で揚焼き。

料理研究家として今あるのは、息子たちのおかげなのかもしれません。

今年二五歳になる双子の息子たち。料理を通して二人に教えてもらうことはたくさんありました。双子であっても食の好みは同じではなく、ごはん作りはトライ&エラーの繰返し。子育て中の料理も成長とともに日々いろいろな問題にぶち当たりました。離乳食のかぼちゃのピュレから始まって、毎日のお弁当時代、食べ盛りの思春期……。こうすると子どもが喜ぶんじゃないか、嫌いなものも食べられるんじゃないか、たくさん食べてもらえるんじゃないかと手を替え品を替え、小さなことでもわが家カスタマイズを積み重ね作り続けて今のレシピにたどり着いたものがほとんどです。おかげで息子たちとの共通言語は料理となり、食べることを一緒に楽しめる関係になれたのではないかと思っています。

そしてもうひとつ、食べることで機嫌が直る子に育ったら、大人になってからも生きていきやすいんじゃないかという親の思いもありました。おいしいものがあれば「ま、いっか！」って思ってくれるような。

雑誌『ミセス』にもたびたび登場していた息子たち。これは小学校2年生の頃。（2004年4月号より。撮影・髙橋栄一）

その一手間が、お弁当作りを楽しくする！

一〇分。せいぜいかけても二〇分です。

これも息子たちが小さかった頃、好きな料理の作り方を自分たちで手書きしていたノート。

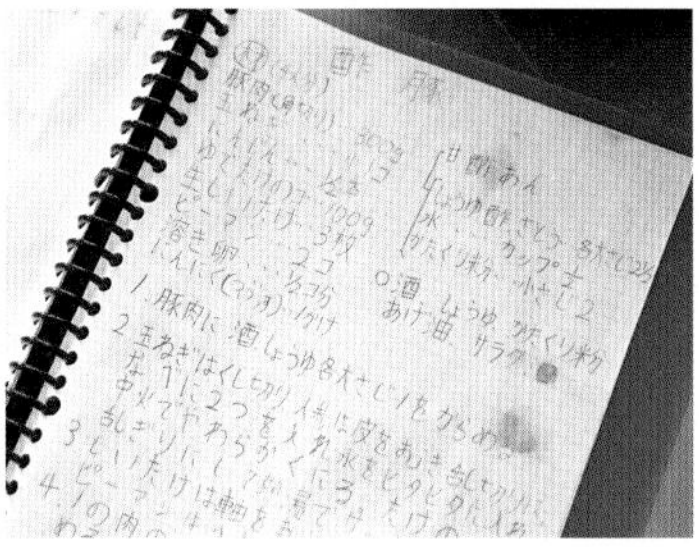

上田家ごはん、ぼくたちのベスト3　双子の息子たちに聞きました。

兄

1 もやし春巻き（6ページ）
子どもの頃は大会の前とか合宿の後とか、何かイベントがあるとリクエスト。究極の節約レシピ。

2 チキンと野菜のカレー（19ページ）
毎回味が変わるわが家のカレーが楽しみだった。肉もいろいろでひき肉もあれば、スペアリブもあり。

3 カムジャタン（26ページ）
じゃがいもとスペアリブの組合せが最高。豚肉のこってりとじゃがいものほくほく感。米に合う！

番外

酢豚（21ページ）
中学のときに自分で初めて作った料理。味濃め、揚げた肉、あんかけ、すべてがいい。

野菜の揚げびたし（54ページ）
なす嫌いを克服した料理。

弟

1 鶏天（33ページ）
単純にうまい！ 家飲みのときに作ると友人からのリクエストがいちばん多い。衣に何を混ぜるかで味が変わるので、ワインにも日本酒にも合い飽きない。

2 キャベツとんかつ（8ページ）
ザクザク食感が多いわが家の定番。キャベツ単独ではなかなか食べられなかったから、これは革命的。

3 アッシュパルマンティエ（57ページ）
じゃがいも好き！ 大量にマッシュポテトを食べられる幸せ。パーティ料理としてもいい。

番外

ポテトサラダ（44ページ）
父親も好きなので、残ったら争いになる。

きんぴらごぼう（46ページ）**と筑前煮**（20ページ）
野菜が好きになってからは大好物に。

＼ わが家の殿堂入り定番料理 ／

レシピはカバーの袖をごらんください。

三種の神器のように、この三つだけはおいしくできる親でありたいという思いから作り続けてきた上田家ごはんの王道です。「うちの親のハンバーグはおいしいんだよね」って言ってもらえたらこんなうれしいことはないですよね。これも子どもとともにレシピが成長していきました。

ハンバーグは子どもが小さいうちは、サイズは小ぶり、口の中でもそもそしないようにつなぎも多めで、肉がぱさつかないようにトマトソースやデミグラスソースで煮込むようにしていました。子育て真っ最中で忙しくて玉ねぎをいためる時間も惜しかったので、煮込むことで時間も短縮です。お弁当のおかずとしても大活躍しました。子どもたちが大きくなるにつれ、肉の量も増え、サイズもビッグに！ 最近は焼きたてジューシーが好まれています。

クリームシチューは子どもが小さかった頃はご飯にかけて食べていました。昔も今も冬になると永遠に食べたくなる、私も含めた家族中の大好物料理。毎回鍋いっぱいに作ります。ご飯にもパンにも合う味です。カレーは市販のルーを利用することがあっても、クリームシチューのルーは必ず手作りします。鶏ときのこのフリカッセ（29ページ）との違いは生クリームを使わないこと。ブールマニエといって、バターと小麦粉を練り混ぜたペーストを使ってとろみをつけることで独特な風味が出て、自分で作ると断然味が違います。

から揚げは小学校くらいになってから、お弁当に重宝したのでよく作りました。お弁当のおかずとして冷めたときにもかたくならない作り方と、かたくり粉を二度づけすることで衣がかりかりに揚がるお店風の作り方と2種類あります。お弁当用は、下味はしょうゆ、おろしにんにくとおろししょうがで、鶏肉は漬けずに、よくもみ込みます。こうすることで切れのあるさっぱりとした味に。さらに卵とかたくり粉の合せ衣で揚げるので空気を含んでふんわりとなり、肉の水分を閉じ込めて、冷めてもべちゃっとなりにくい！ 自慢のから揚げです。

肉は漬け込まないで、よくもみ込むこと。

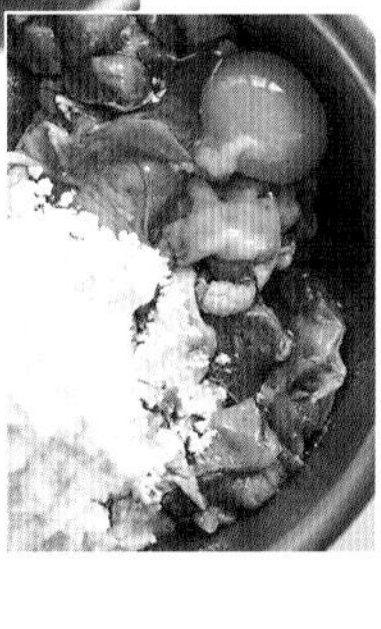

衣は卵と粉類で肉の水分を閉じ込める。

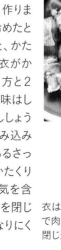

やっぱりがつんと、肉料理！

改めて家族が好きな料理のラインナップを見てみると、肉を使ったものがたくさん。特に安くて手軽に料理できるひき肉は使用頻度が高く、ロールキャベツ、ミートローフ、ギョーザ、春巻き、ハンバーグ、ミートソースにと普段のおかずからごちそうまで大活躍です。今回はご紹介できませんでしたが、たっぷりと玉ねぎを入れる豚ひき肉のシュウマイなどもよく作ります。

フランス仕込みの家庭の味

ロールキャベツ

おなじみの、丁寧にキャベツでたねを巻くロールキャベツではなく、大中小の葉でざっくり三重に包んでくずれないように鍋にぎゅうぎゅうに詰めてオーブンで焼いて作ります。結婚前、フランスで料理修業をしていた頃によく作ったメニューで、とろとろのキャベツとジューシーなひき肉が冬の楽しみでした。鍋にひき肉とキャベツをミルフィーユのように重ねて煮ることもありました。

中は肉とキャベツがミルフィーユ状態に。

材料（大4個分）

キャベツの葉（大、中、小）
　…各4枚（500〜600g）
合いびき肉…400g
玉ねぎ…½個（100g）
パン粉…½カップ
牛乳…大さじ2
卵…1個
塩…小さじ1
こしょう…少々
ブイヨンキューブ
　…1個
バター…10g

作り方

1 キャベツは、さっとゆでて、かたい部分は切り取って刻んでおく。玉ねぎはみじん切りにする。

2 ボウルにパン粉、牛乳、卵を入れて混ぜ合わせ、ひき肉と塩、こしょうを加えて充分に練り合わせる。肉の粒がなめらかになったら**1**の刻んだキャベツ、玉ねぎも加えてさらに混ぜ合わせる。12等分にしておく。

3 小サイズのキャベツの葉に**2**の肉だねを1つずつ置き、包み込む。中サイズのキャベツの葉に肉だねをのせて軽く広げ、小サイズの葉で包んだものを巻終りが下になるようにのせて包む。大サイズの葉に肉だねをのせて薄く広げ、中サイズで包んだものを巻終りが下になるようにのせて包む。おにぎりを握るようにてのひらでぎゅっと包んで形を整える。

4 鍋、または耐熱の器などに**3**をキャベツの巻終りを下にして詰める。

5 くずしたブイヨンキューブとひたひたの湯を加える。角切りにしたバターを散らして、ふたをして180℃に熱したオーブンで40分焼く。いったん取り出し、ふたを開け、全体に焼き色がつくまで10〜15分を目安に焼く。途中オーブンから出し煮汁をキャベツの表面にかけると、全体につやよく仕上がる。

右ページ上　大中小のキャベツと肉で3重に巻く。
左ページ　こんがり焼き目がおいしさの目安。

上田メモ

●ロールキャベツがきっちり詰まる大きさの鍋やグラタン皿で作ります。隙間ができるようであれば、にんじんや玉ねぎなどの野菜を大きめに切って間に入れ、一緒に煮込めばポトフのようになってそれはそれでおいしいです。ふたのない器の場合はホイルでふたをしてください。

ご飯がすすむ、お酒もすすむ

カムジャタン

子どもたちが食べ盛りの頃、韓国好きの友人の影響から
作りはじめたメニューです。少し甘め、でもぴり辛のスペアリブが
やわらかく煮えて、そのうまみを吸ったじゃがいもがまたおいしくて。
煮くずれたじゃがいもが肉にからむのも最高です。

材料（4人前）

スペアリブ…600〜800g
しょうが…1かけ
長ねぎ（白い部分）…½本
じゃがいも（メークイン）
…400g
にんにく…1かけ
A ┌コチュジャン…大さじ2
│しょうゆ…大さじ1
└みそ…大さじ1
ごま油…大さじ1
白すりごま…小さじ2
塩…少々

作り方

1 しょうがは薄切りにする。鍋に水3カップ、スペアリブ、しょうがを入れて強火にかける。沸騰したら弱めの中火にし、アクを取り、ふたを少しずらしてのせ10分程度煮る。**A**を加え、同様にふたをのせて20分煮る。

2 ねぎは斜め切り、じゃがいもは皮をむいて食べやすい大きさに切る。にんにくはすりおろす。

3 **1**のスペアリブがやわらかくなったら**2**のねぎとじゃがいもを加え、ふたを少しずらしてのせ、沸騰したら火を弱めてさらに15〜20分煮る。

4 じゃがいもがやわらかくなったらふたを取り、火を強めて煮汁が濃厚になるまで煮つめる。**2**のにんにく、ごま油、ごまを加えてさっと煮て、味をみて足りないようなら塩で調味して仕上げる。

研究を重ねたおいしさです

焼き豚

神戸の中華街の焼き豚が子どもの頃から大好物で、できるだけ近づけたくて試行錯誤してでき上がった自慢の味です。
豚肉に砂糖をすり込んでからしょうゆベースの漬け液に漬けて焼く、独特な甘みが上田流です。

材料（2本分）

豚肩ロース肉（焼き豚用）
　…2本（800g〜1kg）
砂糖…½カップ
漬け液
- 酒…⅔カップ
- みりん…⅔カップ
- しょうゆ…⅔カップ
- にんにく（たたく）…1かけ
- 長ねぎ（緑の部分）…5cm
- 五香粉（好みで）…適量

白髪ねぎ（あれば）…適量

作り方

1 豚肉と砂糖をポリ袋に入れ、手ですり込むようにしっとり砂糖が溶けてくるまで混ぜる。そのまま10分程度おく。

2 漬け液の材料を合わせ**1**に加える。空気を抜いて密閉し、冷蔵庫で1日おく。

3 オーブンの天板にオーブンペーパーを敷き、汁気をきった**2**の豚肉を置き、180℃に熱したオーブンで40〜50分焼く。途中2〜3度取り出し、漬け液をぬる。焼き色がつきやすいので、焦げはじめたらホイルをかける。

4 漬け液を鍋に入れ火にかけ、沸いたらアクを取り、とろみがつくまで煮つめたれを作る。焼き上がった**3**を食べやすく切り、たれとあれば白髪ねぎを添える。

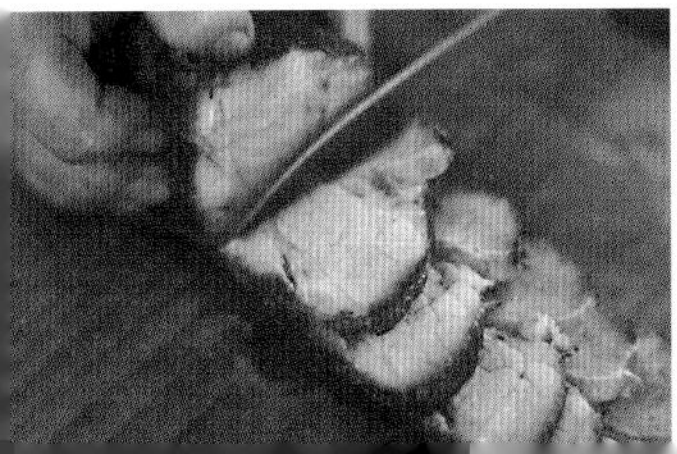

左　中はしっとりジューシー。下ごしらえで肉に砂糖をすり込むことで甘みと漬け汁のうまみがしっかりしみ込む。／右　途中2〜3度漬け汁をぬりながら焼く。焦げやすいので気をつけて。

りんごがいい仕事をするんです

ポークアップルジンジャー

息子たちが小さかった頃、しょうが焼きでは少し刺激が強く、大人も子どもも楽しめる味にするには……と考えたものです。すりおろした玉ねぎにりんご、しょうがを入れたソースはいったん煮てから豚肉と合わせることで食べやすくなります。りんごの季節になると必ず作る一品です。

材料（4人前）

豚ロース肉（ステーキ用）…4枚
塩、こしょう…各適量
サラダ油…適量
A
- 玉ねぎ…1個（200g）
- りんご…小1個
- にんにく…½かけ
- しょうが…小1かけ

しょうゆ…大さじ2
バター…10g
粉ふきいも…適量
パセリ（みじん切り）…適量

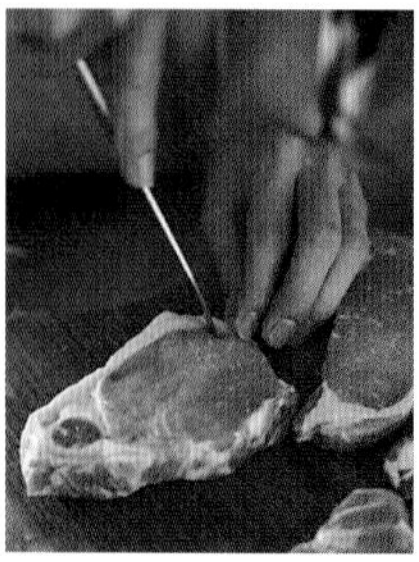

焼いたときに縮まないようあらかじめ筋を切る。

作り方

1 豚肉は裏、表とも筋を切り、塩、こしょうをする。Aをすりおろしておく。

2 フライパンにサラダ油小さじ1をひき強めの中火にかける。熱くなったら豚肉を入れ表面をこんがり焼きつけ取り出す。

3 2のフライパンの余分な脂をキッチンペーパーで拭き、サラダ油小さじ1をひき中火にかけ、1ですりおろしたAを入れる。煮立ったらそのまま3分程度加熱し、水60mℓ、しょうゆを加え、さらに5分程度煮る。

4 3に2の豚肉とバターを加え、豚肉に火が通ったら器に盛り、粉ふきいもを添え、フライパンの中に残ったソースをかける。粉ふきいもにパセリを散らす。

鶏ときのこのフリカッセ

生クリームを使えば、こんなにごちそう

鶏肉ときのこと生クリームさえあればお店のようなおいしさがすぐに作れます！ そうクリームシチューとの違いは、ルーではなく生クリームを使うところ。ぐっとごちそう感が出る割に、忙しいときほどよく作り、みんなが喜ぶ一品です。

材料（4人前）

鶏もも肉…2枚（500g）
しめじ…1パック（100g）
しいたけ…1パック（100g）
エリンギ…1パック（100g）
玉ねぎ…1個（200g）
にんにく…1かけ
バター…10g
白ワイン…½カップ
生クリーム
（乳脂肪分40％以上）
…½カップ
塩、こしょう…各適量
サラダ油…適量

作り方

1 鶏肉は余分な脂を取り、それぞれ4等分に切り、塩小さじ1弱、こしょうで下味をつける。しめじは石づきを落とし、ほぐす。しいたけも石づきを落とし薄切り、エリンギも食べやすい大きさの薄切りにする。玉ねぎ、にんにくはみじん切りにする。

2 フライパンに薄くサラダ油をひき、鶏肉を皮を下にして並べ、フライパンに密着させる。弱めの中火にかける。脂がしっかりとけ出し、皮に焼き色がつかない程度で裏返し、身の部分をさっと焼いて取り出す。

3 2のフライパンの余分な脂をキッチンペーパーで拭き、バターを入れ再度中火にかけ、バターがとけてぶくぶくしてきたら玉ねぎとにんにくをいためる。しんなりしたらきのこ類を加え、水分が出て煮つまるまでいためる。

4 3に白ワインを加え、火を強め、ワインが半量になるまで煮つめる。2の鶏肉を戻し入れ、水½カップを加えて沸騰してきたら火を弱めてふたをし、鶏肉に火が通るまで5分程度煮る。

5 仕上げに生クリームを加えとろっとするまで軽く煮つめ、塩、こしょうで味を調える。

はちみつとみそは一対一

豚肉のはちみつみそ漬け

はちみつとみそを同量混ぜたものを豚肩ロース肉にぬって冷蔵庫で一日おいてから焼くだけ。レシピを見ないで作れるうえに、しっかり味がつき、やわらかくておいしい！ これも忙しいときほどよく作ります。子どもたちのお弁当のおかずにも重宝しました。

作り方

1 みそとはちみつを混ぜる。豚肉が4枚並ぶサイズのバットにラップフィルムを敷き、半量のはちみつみそを薄くのばし、豚肉をのせる。豚肉の上に残りのはちみつみそをぬり、さらにラップフィルムをのせ押さえて空気を抜き1日冷蔵庫でおく（この状態で3週間冷凍可能）。

2 ねぎは3〜4cm長さに切る。魚焼き用のグリルでねぎを火が通るまで焼く。さらに豚肉を（好みでみそを拭って）弱めの火で焦がさないように焼く。

3 豚肉を食べやすい大きさに切ってねぎとともに器に盛る。

材料（4人前）

豚肩ロース肉（ステーキ用）
…4枚（400g）
みそ…大さじ3
はちみつ…大さじ3
長ねぎ…1〜2本

わが家の数少ない牛肉料理(笑)

ビーフストロガノフ

わが家の唯一の牛肉料理、と言っても過言ではありません。
子育て中、日々のごはんに食欲旺盛な子どもたち相手に
牛肉をふんだんに使うことはありませんでしたが、これは別。
薄切り肉は赤身の切落しでも充分。
ささっとできるから忙しいときの奥の手メニューです。
トマトベースで生クリーム仕上げのフランス風。

材料(4人前)

牛薄切り肉(または切落し)
…300g
玉ねぎ…大1個(300g)
マッシュルーム
…2パック(400g)
バター…10g
白ワイン…½カップ
トマト缶(ダイスカット)
…1缶(400g)
パプリカパウダー
…大さじ½
生クリーム(乳脂肪分40%以上)
…½カップ
塩、こしょう…各適量
サラダ油…適量
ご飯…適量

作り方

1 牛肉は、食べやすい大きさに切り塩小さじ¼、こしょう少々で下味をつける。玉ねぎはみじん切りにする。マッシュルームは厚めの薄切りにする。

2 フライパンにバターを入れ、強めの中火にかける。とけてぶくぶくしてきたら1の牛肉を広げる。片面30秒程度を目安に表面のみ焼きつけ、取り出す。

3 2のフライパンにサラダ油をひき、玉ねぎとマッシュルームを加え中火にかける。焦がさないように3分程度いためる。白ワインを加え火を強め、フライパンの底をこすりながらワインが半量に煮つまるまで加熱する。トマト缶を加え中火にし、5分程度煮たら、パプリカパウダー、生クリームを加え塩、こしょうで味を調える。再度煮立ててとろみが出たら、2の牛肉を戻し入れ、温める程度に煮る。器にご飯とともに盛る。

焼きたても、ストックも、
どっちもおいしい

ミートローフ

ハンバーグはもちろん大人気なのですが、忙しい日はこれ！ どーんと二本まとめてオーブンで焼き、一本はストックしてサンドイッチやお弁当に。
こつは玉ねぎとマッシュルームをいためてひき肉に混ぜること。甘みとうまみが出ます。

材料（2本分）

合いびき肉（脂が少なめのもの）…800g
玉ねぎ…大1個（300g）
マッシュルーム…1パック（100g）
サラダ油…小さじ1

A
- パン粉…⅔カップ
- 牛乳…½カップ
- 卵…2個

B
- 塩…小さじ1½
- こしょう、ナツメグ…各少々

作り方

1 玉ねぎ、マッシュルームは細かいみじん切りにし、サラダ油を中火で熱したフライパンに入れ、しんなりするまでいためたら取り出して冷ましておく。

2 ボウルに**A**を入れてよく混ぜ、ひき肉、**B**も入れてしっかり粘りが出るまでよく練る。**1**を加えて混ぜる。

3 オーブンの天板にオーブンシートを敷き、**2**を2等分にしかまぼこ形に形作る。200℃に熱したオーブンで40分を目安に焼く。中央に竹串を刺して透明な肉汁が出てくるようであれば焼上り。

少ない材料で手軽に作れるのに食べ応えに大満足。

冷蔵庫にあれば安心な蒸し鶏で

蒸し鶏のコールスロー

**蒸し鶏はわが家のハム代り。
冷蔵庫にストックしておくと重宝します。
サンドイッチに、パスタやラーメンの具にも！**

材料（作りやすい分量）

鶏胸肉…1枚（250〜300g）

塩糖水

- 塩…小さじ⅔
- 砂糖…大さじ½
- 水…½カップ

酒…大さじ2

キャベツ…400g

パセリ（みじん切り）…大さじ3

コーン缶…100g

酢…大さじ1

マヨネーズ…大さじ4

こしょう…少々

作り方

1 塩糖水の材料をポリ袋に入れ口を握ってよく振り、塩と砂糖を溶かす。鶏肉を入れ半日以上冷蔵庫でおく。

2 1の鶏肉を冷蔵庫から出して15分程度室温におく。水気をきりフライパンに入れる。水½カップ、酒を加え中火にかける。煮立ったら鶏肉を裏返し、ふたをして弱めの中火にして7分蒸す。火を止めふたをしたまま粗熱が取れるまでおく。

3 キャベツは5㎜幅に切る。塩小さじ1（分量外）をまぶして軽くもみ、10分程度おく。再度もんでしんなりしたら水洗いをして塩気を抜き、水をきってしっかり絞ってボウルに入れる。細かくさいた2の鶏肉、コーン、パセリを加え酢、マヨネーズ、こしょうを加えて混ぜる。

肉は塩糖水につけておくことで、蒸しても、焼いても、揚げてもジューシーな仕上りに。4日間、冷蔵保存可能。

やめられない、止まらない！

鶏天

**塩糖水に肉をつけておくことで
驚くほどジューシーになります。衣が濃めの
フリットなので揚げ油に衣が散らからず、
大量に揚げても油がきれいです。**

材料（4人前）

鶏ささ身…400g

塩糖水

- 塩…小さじ1⅓
- 砂糖…大さじ1
- 水…1カップ

衣

- 小麦粉…大さじ5〜6
- 炭酸水（できれば強炭酸）…大さじ5〜6

小麦粉…適量

揚げ油

作り方

1 ささ身は筋を取る。ポリ袋の中に塩糖水の材料を入れ、口を握って振り混ぜ塩と砂糖を溶かす。ささ身を入れ空気を抜いて口を閉じ、半日以上冷蔵庫でおく。

2 1のささ身の水気をきり、キッチンペーパーでしっかり拭き、1本を4等分にそぎ切りにする。ボウルに衣用の小麦粉を入れ、炭酸水を加えて泡立て器で混ぜ、やわらかめの衣にする。好みで衣の半量に青のりを加えてもいい。

3 2のささ身に薄く小麦粉をつけ、衣をからめ170℃の揚げ油でからりとなるまで2分程度揚げる。取り出し、しばらくおいた後に再度揚げ油に入れ、からりとなるまで二度揚げする。

苦手を克服した魚料理

どこの家庭でも同じだと思いますが、
子どもが小さい頃は肉ばかりでなく
どう魚を食べさせるかが母親の悩みの種です。
それこそあの手この手でなんとか興味を持ってもらおうと日々奮闘。
子どもが大好きなマヨネーズベースのソースを添えたり、
癖のある青魚は揚げたり、
ご飯とともにたくさん食べられるよう濃めの味にしたり、
香味野菜などで魚臭さを消したり……。
ここでご紹介のレシピは息子たちが
むしろ魚を好きになるきっかけとなった料理です。
今でもわが家の定番メニューとして不動の地位を得ています。

いわしがおしゃれな一品に

いわしのトマト焼き

白身魚より安価で栄養もある青魚をできるだけ
子どもたちに食べさせたくて生まれたメニューです。
ちょっと手間はかかりますが、手開きにしたいわしを
焼いてからたっぷりのトマトソースとともに
耐熱容器に入れ、パン粉をかけてオーブンで焼きます。

いわしがトマトの味わいで子どもたちにも食べやすく、
なにより焼けたパン粉の食感が
今も昔も人気の秘密のようです。
見た目にもごちそう感があり、ご飯がすすみます。

材料（4人前）

いわし…中〜大8尾
（手開き後で1尾50g）
トマト缶（ダイスカット）
…1缶（400g）
にんにく（みじん切り）…小さじ1
オリーブ油…大さじ2½
塩、こしょう…各適量

A
- パン粉…大さじ5
- にんにく（みじん切り）…小さじ½
- オリーブ油…大さじ2
- パセリ（みじん切り）…大さじ2

作り方

1 にんにくとオリーブ油大さじ2を鍋に入れる。中火にかけ香りが立ってきたらトマト缶を加える。ときどき混ぜながら10分程度弱火でしっかり煮つめ、塩小さじ⅓、こしょう少々で味を調える。

2 いわしは手開きにして骨を取る。軽く塩をして5分程度おきキッチンペーパーで水気を押さえる。フライパンに残りのオリーブ油を入れ中火にかける。いわしを入れこんがり焼き上げる。

3 オーブンを200℃で予熱する。グラタン皿に**2**のいわしを入れ、上に**1**のトマトソースを広げる。混ぜ合わせた**A**を全体に広げ、オーブンでこんがり焼き色がつくまで15分程度焼く。

いわしの身はやわらかいので包丁を使わず手で開く。

あじフライ

とんかつよりもこちらが人気

子どもが小さいうちは、青魚は揚げ物から入るのが正解だと思います。そこにタルタルソースをたっぷりかければ、喜んで食べてくれました。大人だったらレモンのしぼり汁やウスターソースだけでも充分ですが、やはり子どもたちはタルタルソースが大好き。大人になってからはそこにわさびを加えて和風味にすることも多くなりました。

材料（4人前）

あじ…4尾
（三枚におろして300g程度）
塩…小さじ½
こしょう…少々
小麦粉、パン粉…各適量
とき卵…1個分程度
揚げ油
キャベツ（せん切り）…適量
ウスターソース…適量
カットレモン…適量

和風タルタルソース

- ゆで卵…1個
- 大葉…5枚
- みょうが…1個
- マヨネーズ…大さじ4
- わさび…適量

作り方

1 三枚におろしたあじは塩をし、10分おく。さっと水洗いし、キッチンペーパーで水気を拭く。こしょうをして、小麦粉、とき卵、パン粉の順につける。

2 タルタルソースを作る。大葉は縦に半分に切ってから横に細切りにし、みょうがは小口切りにする。ボウルにゆで卵を入れフォークなどで細かくくずす。残りの材料を加えてよく混ぜる。

3 1を180℃の揚げ油で3分程度、からりと揚げる。キャベツのせん切りをのせた皿に盛りつけ、2のタルタルソース、ウスターソース、カットレモンを添える。

大葉、みょうが、わさびも入った大人味タルタルソース。

あじの南蛮漬け

わが家で一番人気の作りおき

こちらも家族の大好物です。ひと手間かかりますが、作って冷蔵庫に入れておけば翌日のほうがおいしくなる作りおきならではの魚料理です。一緒に漬け込む野菜は魚臭さ解消のためにセロリと玉ねぎで、軽く火を通すことで辛みが和らいで食べやすくなります。いためるときは食感が残るくらいにさっとにしてください。鮭でも作れます。

材料(4人前)

あじ…4尾
(三枚におろして300g程度)
こしょう…適量
小麦粉…適量
サラダ油…大さじ3
玉ねぎ…1個(200g)
セロリ…100g
ごま油…大さじ1
A
- 水…大さじ4
- 米酢…大さじ6
- しょうゆ…大さじ4
- 砂糖…大さじ2

作り方

1 玉ねぎは薄切りに、セロリは斜め薄切りにする。Aを合わせておく。あじは水気をキッチンペーパーで拭き、こしょうをして薄く小麦粉をつける。

2 フライパンにサラダ油をひき強めの中火にかける。熱くなったらあじを入れ、こんがり揚焼きにし、耐熱の保存容器に入れる。

3 2のフライパンの油をキッチンペーパーで拭き、ごま油をひき再度中火にかける。玉ねぎとセロリを20秒程度いためる。Aを加え、煮立てて2にかける。冷めたらふたをして冷蔵庫で保存する。

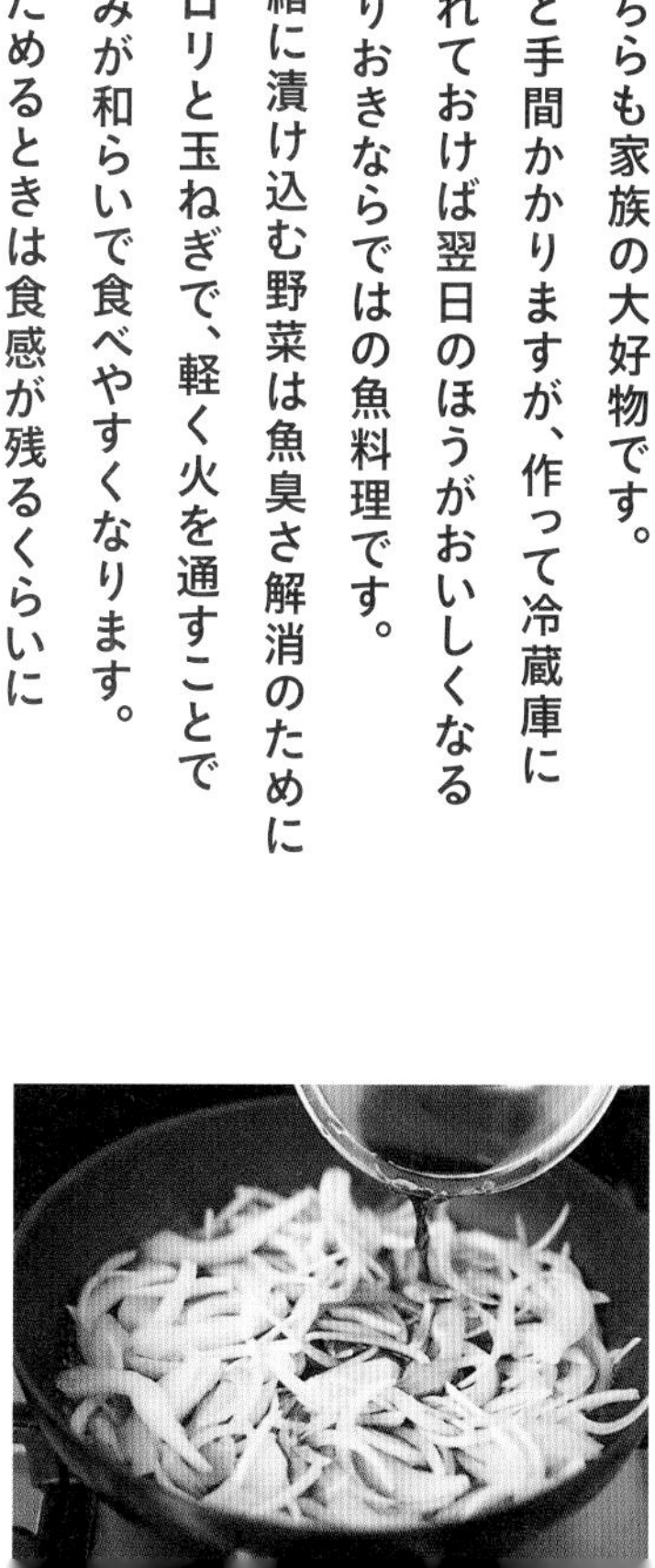

玉ねぎとセロリは食べやすいよう軽く火を通してから味つけを。

ねぎは驚くほどたっぷりが○

鮭のねぎマヨ焼き

私が子どもの頃から好きだったのが、食パンにねぎとマヨネーズ、チーズをのせて焼くねぎマヨトースト。このペーストを鮭にのせて焼いてみたらおいしかったことから生まれたメニューです。これはサーモンで作ってもだめで、マヨネーズで油分を、チーズでうまみを補ってくれるので、身がぱさっとした秋鮭が合います。ねぎは青い部分もやわらかそうなら使ってください。子どもも大好きな秋のお楽しみです。

材料（4人前）

生鮭（切り身）
…4切れ（400g）
塩…小さじ1
こしょう…適量

ねぎマヨソース
- 長ねぎ…1½本（150g）
- ピザ用チーズ…60g
- マヨネーズ…大さじ4

作り方

1 鮭は塩をすり込み10分程度おく。さっと水洗いをしてキッチンペーパーで水気を拭く。

2 ねぎは小口から刻む。ボウルにチーズ、ねぎ、マヨネーズを入れて混ぜる。

3 オーブンを200℃で予熱し、天板にオーブンペーパーを敷き、鮭を並べる。軽くこしょうをし、**2**を上にのせ、オーブンで15分程度焼く。

生鮭にたっぷりのねぎとチーズ、マヨネーズをのせて焼く。

あっさり仕上げで、煮汁も飲み干せる

ぶり大根

甘辛く濃く味つけするぶり大根ではなく、おでん風につゆだくであっさりとジューシーに煮上げます。食べやすかったのか、子どもたちもよく食べてくれたメニューで、今でもぶりがおいしい冬によく作ります。ポイントは、ぶりはあらかじめ味つけをしてから大根と合わせて煮ることです。たっぷり作って煮汁までおいしくいただきます。

材料（4人前）

ぶり（かまなど）…700g
大根…800g

A
- しょうゆ…大さじ4
- 酒…大さじ4
- 砂糖…大さじ2

しょうが（すりおろし）…適量

作り方

1 ぶりはAに1時間以上漬けておく。大根は2cm幅の半月切りにする。

2 鍋に大根を入れ、かぶる程度の水（1.2ℓ程度）を入れる。中火にかけて沸かし、ぶりをAごと加えて煮立ったらアクを取り、弱火で10分煮る。ごく弱火でさらに30分煮て火を止め、ふたをしてそのまま冷まし、ゆっくり味をしみ込ませる。

3 2を再度温め器に盛って、しょうがを添える。

大根に、調味液に1時間以上漬けたぶりを加えるのがポイント。

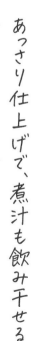

キムチをいためるのがポイント

たらチゲ

これは息子たちが大きくなって、キムチのスープのおいしさがわかるようになってから登場した味です。

たらの身だけではなくたらこを入れるのが最大のポイントで、キムチと一緒にいためることでたらこのうまみでぐっとおいしくなります。

またキムチはチゲ用には酸っぱいほうがいいので、冷蔵庫で保存し酸味が出るまで待ってから作るのも秘訣です。

材料（4人前）

たら（切り身）…4切れ（400g）	キムチ…300g
塩…小さじ1	たらこ…80g
絹ごし豆腐…1丁	しょうが…1かけ
長ねぎ…1本（100g）	ごま油…大さじ1
	しょうゆ…大さじ1

作り方

1 たらは塩をすり込み10分程度おく。さっと水洗いをしキッチンペーパーで水気を拭く。1切れを2〜3等分に切る。たらこは皮を除き粗く刻む。しょうがはみじん切り、ねぎは斜め切りにし、キムチは大きければ粗く刻む。

2 鍋にごま油としょうがを入れ、中火にかける。油が熱くなってきたらキムチとたらこを加え、たらこに火が通るまでいためる。水1ℓとねぎを加え、煮立ったらしょうゆで味を調え、たらと食べやすく切った豆腐を加え、たらに火が通るまで煮る。

キムチとたらこは先にいためるのがこつ。

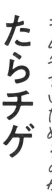

この二つの相性のよさといったら…

たらとじゃがいものスープ煮

ヨーロッパではたらとじゃがいもを合わせた料理がよくあります。
これはじゃがいも好きのわが家の真冬の定番料理で、
煮えたじゃがいもとたらをくずしながら
一緒にいただくシチューのようなおかずです。
たらのうまみとじゃがいもの味わいがベストバランス！
真冬には鍋いっぱいに作って楽しみます。

材料（4人前）

たら（切り身）
…4切れ（400g）
小麦粉…適量
じゃがいも…4個（600g）
玉ねぎ…½個（100g）
にんにく…大1かけ
白ワイン…½カップ
オリーブ油…大さじ4
塩、こしょう…各適量

やわらかく煮たじゃがいもに焼いたたらを加える。

作り方

1 じゃがいもは1.5㎝幅の半月切りに、玉ねぎは薄切り、にんにくはみじん切りにする。たらは塩小さじ1をすり込み10分程度おく。さっと水洗いをしてキッチンペーパーで水気を拭く。一口大に切り、こしょうをして小麦粉を薄くまぶす。

2 フライパンにオリーブ油大さじ2をひき中火にかける。熱くなったら1のたらを並べ表面を焼きつけ、いったん取り出す。同じフライパンににんにくと玉ねぎ、じゃがいもを入れて焦がさないようにさっといため、白ワインを加え火を強め、ワインが半量になるまで煮つめる。かぶる程度の水を加えふたをし、再度沸騰したら弱めの中火にしてじゃがいもに火が通るまで煮る。

3 じゃがいもがやわらかくなったら、塩、こしょうをし2のたらを戻し入れ、残りのオリーブ油を加え、たらに火が通り煮汁がとろりとなるまで弱火で煮る。仕上げにこしょうをふる。

ひと技違う、私流レシピです

さばのみそ煮

わが家のさばのみそ煮は通常とはちょっと違う作り方で、とろっとした濃厚みそだれの中でさばをゆっくり煮ます。身がふっくらとして、こっくりとした奥行きのある味になります。みそだれの効果で魚臭さも感じられなくなり、いくらでもご飯が食べられます。甘い西京みそと普通のみそを合わせるのもポイントです。

材料（4人前）

さば（切り身）
…4切れ（400g程度）

A
- 西京みそ…100g
- みそ…大さじ2
- 砂糖…大さじ3

B
- 酒…大さじ3
- みりん…大さじ3

作り方

1 さばは切込みを入れ、熱湯にさっとくぐらせ、水にとり、血合い部分をよく洗ってキッチンペーパーで水分を拭く。

2 フライパンにAを入れよく混ぜ、ごく弱火にかける。2〜3分常に混ぜながら加熱したら、Bを加え、一煮立ちさせる。

3 2に水½カップ程度を加え混ぜ、1のさばを煮汁をからませて並べ、落しぶたをして中火にかける。沸騰してきたら火を弱め、ふたをし、焦がさないように気をつけながら10〜15分、さばに火が通るまで煮る。途中、一度上下を返す。煮つまり焦げそうなら水を足す。

霜降りしたさばをみそだれに加えて煮る。

晩ごはんにも、お弁当のおかずにも

さわらの みそかす漬け

私の好物でもあるのですが、お弁当のおかず要員としても欠かせないものでした。すぐ食べなくてもみそかすだれをさわらにからめてラップフィルムに包んで冷凍しておけば、時間がないときにも便利です。酒かすだけだと子どもは食べない、みそだけだとさわらがもったいないから二つを合わせたのが始まりです。

材料（4人前）

さわら（切り身）…4切れ（400g）
酒かす（ちぎる）…80g
みそ…80g
みりん…50mℓ
蓮根、塩、サラダ油…各適量

作り方

1 耐熱ボウルに酒かすとみりんを入れ電子レンジに1分かける。泡立て器などでなめらかになるまで混ぜ、みそを加えてさらに均一になるまで混ぜ、冷ます。

2 ラップフィルムに1のたれを広げ、さわらを置き、表面全体にたれがつくようにラップフィルムで包む。

3 たれを拭って魚焼きグリルで8〜10分焼く。一緒に蓮根（写真は塩とサラダ油をからめたもの）を焼いてもおいしい。

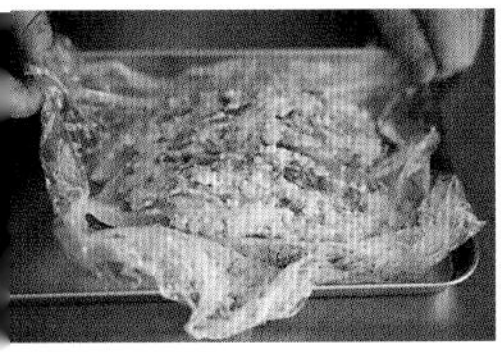

ラップフィルムをすれば少ないたれでもしっかり味つけができる。

上田メモ
●とても焦げやすいので、弱めの火でじっくり焼いてください。

うなぎもいいけど、いわしもね

いわしのかば焼き

子どもに「青魚を食べさせないと」という気持ちと、「大人もしっかり食べないと」という気持ちからせっせとよく作りました。かば焼きはうなぎじゃなくてもいいのよ！と言いたいメニューです。子どもたちにはどんぶりにして、野菜たっぷりのみそ汁があればOK。大人は七味や粉山椒で酒のつまみにも。

材料（4人前）

いわし…中〜大8尾
（手開き後で1尾50g）
小麦粉…適量
A［しょうゆ…大さじ2
　 みりん…大さじ6
サラダ油…適量
粉山椒…適量

作り方

1 いわしは手開きにして水洗いし、キッチンペーパーで水分を押さえる。Aを合わせておく。

2 1のいわしに小麦粉をつけ軽くはたく。フライパンにサラダ油をひき中火にかける。熱くなったらいわしを並べる。両面こんがりと焼き、Aを入れ、照りが出るまでフライパンを揺すりながらからめる。器に盛って、粉山椒をかける。

上田メモ
●一度に4枚程度しかフライパンに並ばないので、2回に分けて調理します。

最強の副菜

「きんぴらと筑前煮はずっとそばにいてほしい」とは次男の言葉。
マカロニサラダとポテトサラダは万が一食べ残しても、
翌朝には誰かが平らげてなくなっているほど不動の人気。
主役級の華やかさはありませんが、わが家の食卓には
欠かせない名脇役、まさに長年作り続けてきた味ばかりです。
毎日のおかずにはもちろん、お弁当のおかずに、
子どもたちが大人になってからは酒の肴としても。
野菜が足りないと思ったとき、余った材料を使い切りたいとき、
もう一品おかずが欲しいときなど
このレパートリーがいつも助けてくれました。

山盛り作っても早々に売り切れる

ポテトサラダ

三味のコロッケ同様、私の実家から受け継いだ味です。わが家はじゃがいも好きが多いので、このポテトサラダもいつも大量に作って器にてんこ盛り。でもあっという間になくなります。プレーンヨーグルトを加えるのでマイルドな味で、ハム、きゅうり、玉ねぎ、ゆで卵と具だくさんも人気の理由です。

ゆでたじゃがいもは熱々のうちにつぶして下味をつけるのがポイント。

材料（作りやすい分量）

じゃがいも（きたあかり、またはメークイン）
…3〜4個（500g）

A［酢…大さじ½
　 塩…小さじ¼

ハム（薄切り）…80g
きゅうり…1本
玉ねぎ…30g
ゆで卵…1個
マヨネーズ…大さじ4
プレーンヨーグルト…大さじ1〜2
塩、こしょう…各適量

作り方

1 じゃがいもは洗って、皮をむき一口大に切り、やわらかくなるまでゆでて湯をきる。

2 1のじゃがいもをボウルに入れ、熱いうちにつぶして、Aで下味をつけ冷ます。ハムは1.5cmの色紙切りにする。きゅうり、玉ねぎは薄切りにし、一緒に塩もみをしばらくおいて水洗いをして、しっかり絞っておく。

3 じゃがいもが冷めたらマヨネーズ、ヨーグルト、ハム、きゅうりと玉ねぎ、ゆで卵を加え、卵をつぶしながら混ぜる。仕上げに塩、こしょうで味を調える。かたいようなら牛乳（分量外）を少量加えて調整する。

絶妙な歯応えが自慢です

きんぴらごぼう

ひじきの煮物と並ぶ人気です。
息子たちがお弁当を持っていくようになった頃から
おかずに入れていたのですが、食べ盛りになると野菜が
やわらかくしっとりしたものより歯応えがあるほうがいいとの
リクエストを受けて、切り方をささがきから千六本に変えました。
昔は太めのごぼう二本分で作って常に作りおき。
家族にだからこそ作れる気取りのない根菜たっぷりのおかずです。

材料（作りやすい分量）

ごぼう…2本（300g）
にんじん…1本（150g）
サラダ油…大さじ1½
しょうゆ…大さじ2
みりん…大さじ3
酒…大さじ3
砂糖…大さじ2
白いりごま…大さじ1〜2

作り方

1 ごぼうは表面をこすり洗いし4〜5㎝長さの少し太めのマッチ棒程度に切り、水に5分程度つけ水をきる。にんじんも同様に切る。

2 フライパンにサラダ油をひき弱めの中火で熱し、ごぼうを5分程度いため、にんじんを加えさらに2分程度いためる。

3 2にみりん、酒、砂糖を加え全体を混ぜ一煮立ちさせる。しょうゆを加え、混ぜながら煮汁がほぼなくなるまでいり煮にする。仕上げにごまを混ぜる。

地味だけど、実は人気者

ひじきの煮物

息子たちにとって甘い味つけが魅力的だったようで、きんぴらごぼうと並んで昔からお弁当のおかずに欠かせないものでした。さつま揚げとにんじんが入るので食べ応えも充分あります。ちょっと濃いかな……と思うくらいの味つけのほうが、ご飯がいっぱい食べられるので子どもたちには喜ばれました。

材料（作りやすい分量）

乾燥ひじき…25g
にんじん…½本（70g）
さつま揚げ…2枚（100g）
サラダ油…大さじ1

A
- だし汁…1カップ
- しょうゆ…大さじ3
- みりん…大さじ2
- 砂糖…大さじ2

作り方

1 ひじきはたっぷりの水に30分程度つけてもどし、さっと水洗いをして水気をきる。長い場合は食べやすく切る。にんじんは4㎝長さ程度で細めの棒状に、さつま揚げは5㎜幅に切る。

2 鍋にサラダ油をひき中火で熱し、ひじきとにんじんをさっといためる。油が回ったらさつま揚げとAを加え全体を混ぜ、落しぶたをして、10分程度弱めの中火で煮る。ふたを取り、混ぜながら煮汁がほぼなくなるまで煮つめる。

嫌いな人はいないでしょ、
わが家もみんな好物

春雨サラダ

メイン料理がちょっと中華っぽいときの副菜としておすすめです。

薄焼き卵を加えると一気にごちそう感が出ますが、入れなくても大丈夫です。ごま油の風味がきいた酢じょうゆベースのたれでさっぱりした味に仕上がるので、夏の暑いときに重宝します。

きゅうりのぱりぱりとした食感にも食がすすみますよ。

材料（作りやすい分量）

春雨…80g
ハム（薄切り）…70g
きゅうり…1本
卵…2個
サラダ油…小さじ1

たれ

しょうゆ…大さじ2
酢…大さじ1½
ごま油…大さじ1
砂糖…小さじ1

作り方

1 きゅうり、ハムは細切りにする。春雨は表示どおりにゆでて湯をきる。

2 卵は割りほぐし塩少々（分量外）で味をつける。フライパンにサラダ油をひき中火で熱し、卵を流し入れ少し厚めの薄焼き卵を作る。冷めたら3等分に切り細切りにする。

3 ボウルにたれの材料を合わせ、1、2を加えて混ぜる。

ポテトサラダと並ぶ人気。
でも作るのはずっとラク

マカロニサラダ

こんなにお得で、おなかいっぱい食べられて、簡単に作れるものはないという感じの副菜です。ポテトサラダと並んで人気ですが、忙しくて時間がないとき、少々作るのが面倒くさいとき、ボリュームが欲しいときには、マカロニサラダを作ることが多かったと思います。作りおきして冷蔵庫に入れておいたら、夜中に誰かに食べられて半分になっていた……ということもありました。

材料（作りやすい分量）

マカロニ…100g
ハム（薄切り）…80g
きゅうり…1本
玉ねぎ…40g
ゆで卵…2個
サラダ油…大さじ½
マヨネーズ…大さじ5
牛乳…大さじ½〜1

作り方

1 マカロニは表示どおりにゆでる。湯をしっかりきり、サラダ油をからめ、広げて冷ましておく。ハムは1.5㎝の色紙切りにする。きゅうり、玉ねぎは薄切りにし、一緒に塩もみをししばらくおいて水洗いをして、しっかり絞っておく。

2 ボウルにマヨネーズ、牛乳を入れて混ぜ1のマカロニ、ハム、きゅうりと玉ねぎを入れて混ぜる。ゆで卵を粗みじん切りにして加えざっくり混ぜる。

まるごと一本するっと食べられる

焼きなすのオイルマリネ

小さい頃、息子たちはなすの色が怖かったらしく、食べられない野菜のひとつでした。野菜の揚げびたし（五四ページ）同様に、なす嫌いを克服したのがこの副菜で、皮をむいたなすと油の組合せが決め手です。香ばしく焼いたなすににんにく風味の油をからめるだけ。熱々でも、冷やしてもまるごと一本、ぺろっとおいしく食べられます。

材料（作りやすい分量）

なす…5〜6本（500g）
塩…小さじ¼
サラダ油…大さじ2
オリーブ油…大さじ2
にんにく（すりおろし）…小さじ¼

作り方

1 なすは包丁でへたの部分にぐるりと浅く切込みを入れ、がくを切り取る。皮に浅い切込みを縦に数本入れる。

2 なすを魚焼きグリルに並べ、火が通るまでこんがり焼く（両面焼きグリルで10分程度）。熱いうちにトングなどで皮をむきへたを切り落とす。

3 保存容器に塩、2種の油、にんにくを入れて混ぜ、なすを加えてからめる。

残り野菜の甘酢漬け

ちょっとした残り野菜が役立つのです

ぬか漬けの管理は大変ですが、これなら簡単。
半端に残った野菜を漬けておくだけ。
お弁当の隅っこによく入れていました。
やさしい酸味の甘酢なのでかつお節をかけたり、
いため物に入れたりあると便利に使えます。
保存容器に入れ冷蔵庫で四日ほど保存可能です。

材料（作りやすい分量）

大根、にんじん、パプリカ、キャベツ、
　きゅうりなど合わせて…400g程度
塩…大さじ1

漬け液

- 酢…大さじ6
- 水…大さじ6
- 砂糖…大さじ1½〜2

作り方

1 野菜は食べやすく切り、ボウルに入れ塩をふり全体を軽くもみ混ぜ、10分程度おく。さっと水洗いをしてしっかり絞っておく。

2 ポリ袋などに漬け液を混ぜ合わせ、1を入れてよくなじませ空気を抜く。1時間程度おいてからいただく。保存容器に入れて冷蔵庫で4日程度保存可能。

忙しいときに
ずいぶん助けられました

煮やっこの卵とじ

甘じょっぱいつゆに卵を加えることでたかが豆腐がごちそうに変わります。きのこや玉ねぎ、青菜などを加えても。だしをとるのが面倒なときはかつお節をじかに入れて作ることもあります。寒い季節は温かく、暑い夏には卵でとじずに冷やしてもおいしいです。

材料（4人前）

木綿または絹ごし豆腐…1〜2丁
だし汁…½カップ
しょうゆ…大さじ1
みりん…大さじ1
卵…2〜3個
万能ねぎ…2本

作り方

1 万能ねぎは小口切りにする。卵は割りほぐす。

2 だし汁を鍋に入れ中火にかけしょうゆ、みりんで味をつける。豆腐を半分に切ってそっと入れる。沸いたら弱火にし、豆腐の芯まで温まるまで5分程度煮る。スプーンなどで豆腐をすくいながら器に入れる。

3 2のつゆを再度沸かし1の卵を回し入れ、ふんわりやわらかく固まりはじめたら火を止め、豆腐にかける。万能ねぎを散らす。

あえて丁寧に。とびきりの味に

青菜のたっぷりごまあえ

**忙しいと市販のすりごまを使うことももちろん
ありますが、この至ってシンプルな料理の肝は、
ごまをいって、する工程をしっかりと丁寧に
行なうこと。格段に味が違います。
旬の青菜をいっぱい食べてもらいたい
ときにがんばるおふくろの味です。**

材料(作りやすい分量)

ほうれん草…2束(400g)
しょうゆ(しょうゆ洗い用)
…大さじ1
白いりごま…大さじ4〜5
しょうゆ…大さじ½
砂糖…大さじ½

作り方

1 ほうれん草は根元に十字の切込みを入れ、水に10分程度つけてシャキッとさせる。湯を沸かし、ほうれん草をゆでて、水にとり冷ましてから水気を絞る。食べやすい長さに切る。

2 ごまはできればフライパンなどで温まる程度にさっといり直す。すり鉢に入れ、粒がほぼなくなるまですり混ぜ、しょうゆと砂糖を加え混ぜる。

3 1のほうれん草をボウルに入れしょうゆ洗い用のしょうゆを入れ、全体を混ぜる。なじんだらしっかり絞り、2に加える。ごまが全体に行き渡るように混ぜる。

子どもも大人も
大好きな青菜のおかず

小松菜の煮びたし

**旬を迎え甘みの増した冬の小松菜で作ると
格別です。小松菜は癖がなく、歯切れも
いいので息子たちもよく食べてくれました。
ここにツナ缶やちくわなどを加えると
たんぱく質もとれ、満足感も出ます。**

材料(作りやすい分量)

小松菜…2束(400g)
油揚げ…1〜2枚
だし汁…150mℓ
しょうゆ
…大さじ2〜2½
みりん
…大さじ2〜2½

作り方

1 油揚げは油抜きをし、細切りにする。小松菜は根元に十字の切込みを入れ、水に10分程度つけシャキッとさせ、5cm長さに切る。

2 鍋にだし汁としょうゆ、みりんを入れて中火にかける。沸いたら1を入れ、ときどき混ぜながらさっと煮立てしんなりしたら火を止める。冷まして味をなじませた後、温めてから盛りつける。

毎日の野菜料理

魚同様に、息子たちが小さかった頃は食べられない野菜が多く、
少しでも多く楽しんで食べてもらえるよう
あれこれ工夫を重ねてきました。
野菜本来のおいしさを知って好きになってもらいたい
という気持ちもありました。その近道は
ここぞというひと手間は省かないことでした。
例えば、副菜でご紹介の青菜のごまあえは、
ほうれん草の根元を切って水あげをする、
しょうゆ洗いをするという手間を
かけることで格段に味がよくなります。
私が料理研究家になれたのは、彼らのおかげなのかもしれません。

息子たちの苦手野菜克服に
一役買ってくれました

野菜の揚げびたし

子どもたちの野菜嫌いを克服したと言っても
過言ではない料理です。揚げた油の味としょうゆの
うまみで野菜のおいしさを発見できたようです。

しかし野菜はただ揚げればいいというものではなく、
次の日もおいしく食べられるようにひと工夫をします。
それは揚げた野菜に熱湯をかけて油抜きをすること。
このひと手間で食べたときに油のしつこさがなく、
すきっとした味に仕上がります。
夏は一晩冷蔵庫に入れておくと
いっそうおいしくなります。

材料（作りやすい分量）

なす…3本
かぼちゃ…100g
オクラ…4本
パプリカ…1個
揚げ油

漬け液

- だし汁…250mℓ
- しょうゆ…大さじ4
- みりん…大さじ4

作り方

1. 鍋に漬け液を合わせてさっと沸かし、冷ましておく。
2. なすは、へたを取り食べやすく切る。かぼちゃは1cm程度の厚さに切る。オクラはがくを取り、揚げている間にはじけないように縦に切り目を入れる。パプリカは食べやすい大きさに切る。
3. 熱湯を沸かしておく。揚げ油を180℃に熱し、**2**を揚げる。なす、かぼちゃはじっくり、オクラ、パプリカはさっと。揚がった野菜をざるに並べ、熱湯をかけ、表面の油をさっと落とす。熱いうちに**1**に漬け込む。粗熱が取れたら保存容器に入れる。

揚げた野菜は熱湯をかけ湯通しすることで、油っぽさが抜けて食べやすくなる。

フランスのおふくろの味です

トマトファルシ

トマトとひき肉のうまみが合体したこの料理、
子どもたちが嫌いなわけはありません。
トマトファルシはフランスの家庭料理でお母さんがよく作るものです。
トマトの中身をくりぬいてハンバーグを詰めたような感じです。
たねにご飯を入れるのは本家フランス流。
水分を上手に吸っておいしくでき上がります。
トマトの中身をくりぬいたら、切り口を下にして伏せておくことで
余分な水分が抜けて水っぽくならずうまみが凝縮します。
夏は冷やしてもおいしいです。

材料（4人前）

トマト…8個
（1個130〜150g）
合いびき肉…300g
A［パン粉…大さじ3
　 卵…1/2個
冷やご飯…80g
塩、こしょう…各適量
ドライハーブ（オレガノ、バジルなど）…適量
オリーブ油…大さじ1

トマトの中身はスプーンでくりぬいて。

作り方

1 トマトはへたを手でちぎり取り、反対側の一部をふたになるように切り取る。スプーンで中身をくりぬき、切り口を下にしてしばらくおく。

2 トマトの中身は種部分を取り除き、軽く刻んでボウルに入れ、Aと混ぜ合わせる。パン粉がふやけたら、ひき肉と塩小さじ2/3、こしょう、ドライハーブ、ご飯を入れ練らずに混ぜ合わせる。

3 1のトマトの内側に軽く塩、こしょうをし、2を8等分にして丸めて中に詰める。耐熱容器に切り口を上にトマトを並べ、切り取ったトマトでふたをして、オリーブ油をまんべんなくかけ、180℃に熱したオーブンで30分を目安に焼く。

じゃがいも愛あふれる アッシュ パルマンティエ

じゃがいも好きにはたまらない料理です。材料はコロッケに近いですが、コロッケほど作るのが大変ではないので、作る頻度も多く特にこっくりしたじゃがいもがおいしい冬の定番となっています。ひき肉、玉ねぎをいためて、ゆでてつぶしたじゃがいもと重ねて焼くだけ。大きな耐熱容器で焼いてどーんと食卓に出します。「とろとろのマッシュポテトを大量に食べられる喜び！ ずっと食べ続けられる」と次男。出したそばからあっという間になくなる人気者です。

材料（4人前）

じゃがいも（きたあかり、またはメークイン）…中4個（500g）

A
- 牛乳…½カップ
- 生クリーム（乳脂肪分40%以上）…½カップ
- バター…20g

合いびき肉…400g

玉ねぎ…大1個（300g）

塩、こしょう、ナツメグ…各適量

小麦粉…大さじ1

サラダ油…小さじ1

B
- パン粉…大さじ2
- 粉チーズ…大さじ1
- サラダ油…大さじ1

いためたひき肉の上にマッシュポテトをたっぷりのせて焼く。

作り方

1 じゃがいもは皮をむき、一口大に切ってやわらかくゆでる。湯をきって鍋に戻し、軽く水分を飛ばして、マッシャーなどでなめらかにつぶす。Aを加え塩小さじ½、こしょうで味を調える。

2 玉ねぎはみじん切りにする。フライパンにサラダ油をひき強めの中火にかける。フライパンが温まったら、ひき肉をほぐしながら少し色がつくようにいためる。玉ねぎを加え、火が通るまでさらに2分程度いためる。塩小さじ½、こしょうで味を調え、小麦粉を全体に広げるようにふり入れ、軽く混ぜ合わせてとろみがつくまで加熱する。

3 グラタン皿に2を敷き込み、1を入れ平らにする。混ぜ合わせたBを全体にふりかけ、180℃に熱したオーブンで20分を目安に焼く。

日本の野菜だからこその作り方
ラタトゥイユ

ヨーロッパでの修業時代によく作っていました。帰国して同じレシピで作ってみたら、びしょびしょの仕上りになってがっくり。日本の野菜はヨーロッパのものと比べ水分が多いからとわかり、その先は試行錯誤を続けて完成したのがこのレシピです。こつは野菜をいためてから煮込むこと。水っぽくならずに野菜の凝縮したうまみを味わえます。そして歯応えが残る程度にかために仕上げるのも上田流。冷やしても、パスタをあえても、水を加えてカレー風にしても、肉料理のソースにも！

材料（作りやすい分量）

なす…2本（150g）
ズッキーニ…1本（200g）
パプリカ…1個（150g）
ピーマン…3個（150g）
玉ねぎ…大1個（250g）
トマト缶（ダイスカット）
…1缶（400g）
にんにく…1かけ
オリーブ油…大さじ3
塩、こしょう…各適量
プロヴァンスハーブ
…小さじ1弱

火が通りにくいものからいためてソースに加える。

作り方

1 にんにくは縦半分に切って芽を取り、横に薄切りにする。これ以外の野菜は2cm角程度に切る。

2 鍋ににんにくとオリーブ油大さじ1を入れて弱火にかけ、香りが出てきたらトマト缶を加える。沸騰したら塩小さじ⅓を加え、ときどき混ぜながら5分程度煮て火を止める。

3 フライパンにオリーブ油大さじ1をひき強火で熱し、玉ねぎ、ピーマン、パプリカをしんなりするまでいためて、塩小さじ½を入れて混ぜ**2**に加える。再度フライパンにオリーブ油大さじ1をひき、なすとズッキーニを加えて、軽く火が通ったら塩小さじ½を入れて混ぜ、これも**2**に加える。

4 野菜が入った鍋全体を混ぜ、プロヴァンスハーブ、こしょう少々を加え中火にかける。煮立ったら弱めの中火にし、焦がさないようにときどき混ぜながら5〜8分煮る。味をみて薄いようなら塩で調整する。

肉と一緒に煮えた
野菜がなによりおいしい

ポトフ

子どもは歯が小さく、抜けている時期もあるので、
野菜はやわらかくすることが好きへの近道（だったように思います）。
野菜をスープでやわらかく煮たポトフは息子たちの大好物となり、
そこに塩豚や塊のベーコン、ソーセージを入れれば大人もにんまり。
残ったらクリームシチューやカレーにアレンジしてもいいですよ。
息子たちが大きくなってからも、冬になれば必ず
ストーブの上に大鍋をのせてよく作っていました。

材料（作りやすい分量）

豚肩ロース肉（塊）…500g
ソーセージ…適量
じゃがいも…小4個
キャベツ…500g
玉ねぎ…2個
にんじん…1本
塩、こしょう…各適量
粒マスタード（好みで）…適量

作り方

1 豚肉は塩大さじ½をすり込み、ポリ袋などに入れ密閉し、冷蔵庫で1日おく（3日程度そのまま保存可能）。

2 大きめの鍋に表面の水気を拭いた1とかぶる程度の水を入れ、中火にかける。煮立ったらアクを取り弱火にして、ふたを少しずらしてのせ20分程度煮る。

3 じゃがいもは皮をむき、水につけておく。玉ねぎは縦半分に、にんじんは4等分に、キャベツはくし形に切る。2に玉ねぎ、にんじんを加えさらに15分煮て、じゃがいも、キャベツを加えやわらかくなるまでさらに10〜15分煮る。ソーセージを入れ、温める程度に火を通し、塩とこしょうで味を調える。

4 豚肉を食べやすく切り、野菜やソーセージとともに器に盛りつけ、好みでマスタードを添える。

野菜不足だと思ったら、これ
八宝菜

これもまだ息子たちがあまり野菜を食べてくれなかった頃に、たっぷり食べてもらいたくて作り方を工夫したメニューです。

まず、風味のいいごま油と水を合わせて野菜をやわらかく蒸し煮にすること。

六三ページのエチュベ同様に、野菜の癖が取れ食べやすくなります。

そして、とろっとしたうまみのあるあんが決め手です。

具を包んで食べやすくもなるので八宝菜に限らず、あんかけメニューは苦手なものを食べてもらうのに効果を発揮しました。

材料(4人前)

豚こま切れ肉…300g
しょうが(すりおろし)…小さじ1
ごま油…大さじ2

A
- 白菜(またはキャベツ)…400g
- もやし…1袋(200g)
- にんじん…⅓本(50g)
- ピーマン…2個(100g)
- しめじ…1パック(100g)

ゆでうずらの卵…8〜12個
鶏ガラスープのもと…大さじ1
かたくり粉…大さじ1½〜2
(水大さじ3で溶く)
塩、こしょう…各適量

肉はたっぷりの野菜の上にのせて蒸し煮にする。

作り方

1 白菜は3㎝幅に切り、にんじんは3㎜幅程度の半月切り、ピーマンはへたと種を取り、食べやすい大きさに切る。しめじは石づきを落とし、ほぐす。豚肉に塩小さじ½、しょうがをもみ込んでおく。

2 フライパン(または鍋)にごま油大さじ1を入れ、Aを上から順番に入れて重ねる。上に1の豚肉を広げ、鶏ガラスープのもと、水1カップを加えて中火にかける。沸騰してきたらふたをし、5分程度蒸し煮にする。

3 ふたを取り、豚肉をほぐしながら全体を混ぜ、うずらの卵を加えさっと温め、塩、こしょう各少々で味を調える。火を強め、よく混ぜた水溶きかたくり粉を加えて手早く混ぜ、しっかり煮立ててとろみをつける。仕上げにごま油大さじ1を加えて混ぜる。

ピーマンの肉詰め

煮込んだピーマンが圧倒的にすごい

生のピーマンはあまり人気がないけれど、この肉や野菜などと煮込んだピーマンのおいしさは息子たちにもわかったようで、今でもピーマンが肉厚でおいしくなる夏の終わりから秋口にかけてのわが家の定番となっています。ご飯を入れたひき肉だねをたっぷり詰めて、うまみが詰まったトマトジュースで煮込みます。大人向けならクミンシードを加えるとちょっとエキゾティックな風味が楽しめます。

材料（4人前）

ピーマン（肉厚で大きめのもの）…8個
ミニトマト…小8個
合いびき肉（または牛ひき肉）…300g
玉ねぎ…1個（200g）
冷やご飯…100g
レーズン…10g
A
- 塩…小さじ1強
- クミンシード（好みで）…小さじ½
- こしょう…少々

トマトジュース…1カップ
B
- 塩…小さじ⅓
- こしょう…少々
- オリーブ油…大さじ1

作り方

1 ピーマンはへたを指で押して実から外し、中のへたと種を取ってきれいに洗い流す。切り口を下にしてしばらくおいて、水気をきる。

2 玉ねぎ、レーズンはみじん切りにする。ボウルにひき肉とAを入れてよく練る。玉ねぎ、ご飯、レーズンを入れて練る。

3 1に2をしっかり詰め、口にミニトマトを埋める。鍋（直径20㎝）にミニトマトが上になるようにピーマンを並べる。トマトジュースを加え、さらにピーマンの高さ⅔程度まで水を加え、Bを入れ中火にかける。煮立ったらふたをし、弱火～弱めの中火にして焦げつかさないようにときどき様子を見ながら30分煮る。煮汁が多いようなら、ふたを取りとろりとなるまで煮る。

トマトジュースがうまみのもとに。

卵より気軽でとろっとろがうれしい

長芋の茶碗蒸し

義母譲りのレシピです。

卵ではなくすりおろした長芋をだしと合わせて具材と蒸し上げます。

卵で作るときのようにスが入ることもないので、神経質にならずに気軽に作れるところがいいんです。

とろんとした食感がなんとも言えず、寒い日に熱々をどうぞ。

材料(4人前)

長芋(粘りがあまり強くないもの)…400g
鶏もも肉…100g
しめじ…½パック(70g)
A だし汁…1½カップ
A うす口しょうゆ…大さじ2
A みりん…大さじ2
うずらの卵…4個

作り方

1 鶏肉は食べやすい大きさに切る。しめじは石づきを落とし、ほぐす。長芋はすりおろす。鍋にAを沸かし、鶏肉を入れて2分程度中火で煮る。

2 茶碗蒸しの器に1の鶏肉、しめじ、煮汁を等分に入れる。その上に長芋を等分に流し入れ、蒸気の上がった蒸し器に並べ、中火で10分蒸す。火を止めてうずらの卵を割り入れ、再度加熱して2分蒸す。

長芋はすりおろすことで独特な食感が生まれる。

上田メモ

●蒸し器がない場合は、鍋にキッチンペーパーを敷き、器を置いて器の高さの半分程度まで水を入れて加熱する"地獄蒸し"風にしても。

この調理法はすごい

野菜のエチュベ

**エチュベとはフランスの調理法です。
野菜にバターと少量の水のみを加えて
蒸し煮にすることで、ゆでるよりもうまみが残り
バターをまとった野菜がおいしい！
献立に野菜が一品足りない、と思ったら、
ささっとありもの野菜で作れる手軽さも魅力です。**

材料（作りやすい分量）

グリーンアスパラガス、スナップえんどう、
　キャベツなど合わせて…400g
バター…10g
塩、こしょう…各少々

作り方

1 アスパラガスはかたい部分の皮をピーラーで薄くむき、食べやすい長さに切る。キャベツは一口大に切る。スナップえんどうは筋を引く。

2 フライパンにバター、アスパラガス、キャベツ、スナップえんどうと水1/3カップを入れふたをし、中火にかける。煮立ったらそのまま野菜に火が通るまで2〜3分を目安に蒸し煮にする。

3 ふたを取り、軽く水分を煮飛ばして、全体を混ぜ、塩、こしょうで味を調える。

上田メモ
●野菜は1種類でも何種類か混ぜても。混ぜる場合は加熱時間が同程度のものを揃えます。

だしをたっぷり吸った熱々を

ふろふき大根

**昆布だしで煮たやわらかい大根に
甘いゆずみそをつけて食べるふろふき大根は、
息子たちも小さい頃から大好物。
一緒にこんにゃくや厚揚げを温めて添えることも
あります。具だくさんのおでんもいいけれど、
こんなシンプルな煮物もいいものです。**

材料（作りやすい分量）

大根…1本
昆布（5cm角）…1枚

ゆずみそ
西京みそ…大さじ4
みそ…大さじ1
みりん…大さじ3
ゆずの皮（すりおろし）
　…適量

作り方

1 大根は皮をむき、3cm幅の輪切りにする。蒸し器ですっと串が通るまで20〜30分蒸す。または耐熱皿に並べてラップフィルムをかけ電子レンジで10〜15分を目安に、2回に分けて加熱する。皿などに取り出し、冷めるまでおく。

2 鍋に昆布、大根と、大根がかぶる程度の水を入れ中火にかける。沸騰したら弱火にし、大根が昆布だしを吸ってふっくら膨らんでやわらかくなるまで煮る。

3 ゆずの皮以外のゆずみその材料をよく練り混ぜ、耐熱皿に入れてラップフィルムをかけ、電子レンジに1分かける。取り出してゆずの皮を混ぜる。器に大根を盛り、ゆずみそをかける。

蒸して、おいてへこませて、だしを吸わせる！

メインから夜食まで、ご飯と麺

わが家は男の子の双子ですので、
炭水化物抜きで料理は語れません。
ご紹介のメニューは炊込みご飯、栗ご飯、
きのこご飯、鍋焼きうどん、鶏卵うどん、
ミートソースパスタ……おなじみのものではありますが、
それぞれに忙しい日でも作りやすい工夫、
たくさん食べてもらうための工夫をした上田流レシピです。
特に麺やどんぶり物は休日のお昼や
遅く帰った日の夜食にも今でもよく登場します。

子育て中の苦肉の策です

炊込みご飯

息子たちが小さい頃は、
忙しくて具の野菜を刻んでいる時間もなく、
大きいまま入れて炊いていました！
炊き上がったらしゃもじで

野菜をくずしながら
ご飯と混ぜるという作り方。
大胆ですが、大きさがまちまちの
にんじんや里芋が食感や味の
アクセントになってなかなかおいしいのです。
今はちゃんと刻みますが、
時間があってもこの方法、おすすめです。

材料(4人前)

米…2合
昆布(5㎝角)…1枚
鶏もも肉(から揚げ用)…150g
にんじん…小1本
里芋…2〜3個
しめじ…小1パック(100g)
しょうゆ…大さじ2

作り方

1 米は洗って水気をきる。水2カップと昆布を加え、30分程度おく。

2 にんじんは皮をむき1㎝幅程度に切る。しめじは石づきを取る。里芋は皮をむき2㎝幅程度に切る。

3 1にしょうゆを入れ、さっと混ぜ、2と鶏肉をのせ、炊飯する。炊き上がったら、昆布を取り出し、しゃもじで具をくずしながら混ぜる。

炊込みご飯は土鍋で炊くとやっぱりおいしい。

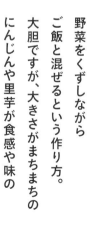

秋になったら必ず作る名物です

さんまのパエリャ風

最初炊飯器で炊いたら臭いが残ってがっかりし、フライパンでリベンジしたらおいしくできたという、失敗から生まれたメニューです。さんまは焼いて余分な脂を取ると臭くなりません。エリンギは大ぶりに切って食感を残します。

材料(4人前)

さんま…3尾
米…2合
エリンギ…2パック(200g)
にんにく…大1かけ
ローリエ…1枚
オリーブ油…適量
塩、こしょう…各適量
レモン(好みで)…1個

さんまは最後にのせて炊き上げる。

作り方

1 さんまは頭と内臓を取り、しっかり水洗いする。1尾を2〜3切れに切って塩小さじ1をすり込み、10分程度おいてから表面の塩を洗い落としてキッチンペーパーで水分を拭き取る。にんにくは少し厚めの薄切り、エリンギは大きめの乱切りにする。

2 フライパン(できればフッ素樹脂加工のもの)にオリーブ油小さじ1をひき強めの中火で熱し、さんまを並べ、両面をこんがり焼き色がつくまで焼き、キッチンペーパーの上に取り出す。

3 フライパンに残ったさんまの脂を拭き取り、オリーブ油大さじ2とにんにくを入れ、再度中火にかける。にんにくの香りが出てきたらエリンギを加え少し焼き色がつくようにいためる。といでいない米を加え、米が半透明になるまで焦がさないようにいため、塩小さじ1強を混ぜ合わせローリエを入れる。

4 3に水2カップを加え、軽く混ぜ合わせ、2のさんまを並べる。フライパンにふたをし、沸騰するまでは中火、沸いてきたら弱火にして、15分程度米に火が通るまで炊き、火を止め5分蒸らす。ふたを取り、弱めの中火にかけ、じくじくといった音が次第にぱちぱちに変わりおこげができるまでじっくり水分を飛ばす。こしょうをふり、好みでカットしたレモンを添える。

半分サイズだから失敗知らず

しょうが焼きの巻きずし

豚のしょうが焼きや牛肉のしぐれ煮といった濃い味つけの肉と野菜を巻いた太巻きで、よくお弁当に入れていました。半分に切ったのりで作るので、巻きすを使わなくても失敗せずに巻けるのがポイントです。

材料（3本分）

のり（全形を横半分に切ったもの）…3枚
ご飯（熱々のもの）…250g
すし酢
- 酢…大さじ1½
- 砂糖…小さじ2
- 塩…小さじ⅓

豚肩ロース肉（薄切り）…80g
しょうが（すりおろし）…小さじ1弱
A
- しょうゆ…小さじ2
- みりん…小さじ2

パプリカ…⅙個
キャベツの葉…大1枚
サラダ油…小さじ½

半分に切ったのりだから巻きす不要。

作り方

1 豚肉は食べやすい大きさに切り、Aとしょうがをからめる。ご飯にすし酢を混ぜ、広げて冷ましておく。パプリカは細切りにする。キャベツは洗ってキッチンペーパーで水気を拭き、せん切りにする。

2 フライパンを中火で熱してサラダ油をひき、1の豚肉を広げ、箸で混ぜながらいためる。ほぼ火が通ったらパプリカを加えて火を強め、水分がなくなるまでからりといため、皿に取り冷ます。

3 すし飯を3等分にし、のりを縦に置きすし飯をのせ、奥3〜4cmを残してご飯を四角く広げる。

4 3の上、手前から⅔にキャベツの⅓量を広げ、さらに2の⅓量をのせ、手前からしっかり巻く。巻終りを下にして、のりが落ち着くまでしばらくおく。残り2本分も同様に巻く。それぞれ3等分に切る。

いためるからこそ香り高い仕上りに

いためきのこご飯

息子たちが炊込みご飯のきのこがべちゃっとなるのが苦手だったので、きのこをいためてからご飯に混ぜることにしました。10分以上きのこをしっかりといためることで、香りと凝縮感が出てぷりっとした食感を楽しめます。

材料(4人前)

米…2合
昆布(5cm角)…1枚
塩…小さじ1弱
きのこ(しめじ、しいたけ、エリンギなど)…300g
サラダ油…大さじ½
しょうゆ…少々
バター…7g

作り方

1 米は洗って水気をきる。水400〜430mlと昆布を加え30分程度おく。塩を入れて炊飯する。しいたけ、エリンギは7mm幅に切り、しめじは石づきを落とし、ほぐす。

2 フライパンを中火で熱しサラダ油をひき、**1**のきのこ類を加える。ときどき混ぜながら水分が飛んでからりとなるまで10〜15分いため、軽く塩(分量外)をする。

3 ご飯が炊き上がったら昆布を取り出し、ご飯をほぐし、**2**とバターとしょうゆを混ぜ込む。

このおかげで毎年、
何回も栗ご飯が実現

ほじ栗ご飯

私の手抜きです！ 栗の皮をむくのが大変すぎて、ゆで栗をスプーンでほじって炊いたご飯に混ぜるというこの方法を思いつきました。手抜きではありますが、ほじった栗はほどよくご飯にまぶされことのほかおいしく、家族に気軽に作って食べさせられるのです。結局この作り方が定番になりました。

材料(4人前)

米…2合
昆布(5cm角)…1枚
塩…小さじ1弱
栗…10〜15個

作り方

1 米は洗って水気をきる。水400〜430mlと昆布を加え30分程度おく。塩を入れて炊飯する。

2 栗は水からやわらかくなるまで40分程度ゆでる。粗熱を取り半分に切ってスプーンで中身を取り出す。

3 ご飯が炊き上がったら昆布を取り出し、ご飯をほぐし、**2**を加えてざっくり混ぜる。

転ばぬ先の、どんぶり物

忙しくて料理する時間が取れないとき、つまり手抜きをしたいとき、息子たちに文句を言わせないのがどんぶり物です。彼らは白いご飯が大好物ですが、おかずがのっているどんぶり物は食べやすいのでこれひとつで大満足。私にとって転ばぬ先の杖的なお助けメニューがどんぶり物なのです。

最ラク、最短で最強

まぐろの漬け丼

どうしようもなく忙しいとき、さしみ用のまぐろのさくを買い急ぎ帰宅。しょうゆをからめて、熱々ご飯にのせて、とろろ昆布とおかかのおつゆで夕飯が完成！誰からも文句なしの夕飯でした。

材料（1人前）

まぐろさしみ…60g程度
しょうゆ…小さじ2
熱いご飯…1人前
貝割れ大根（根を切り落とす）…適量
わさび…適量

作り方

1 まぐろはしょうゆをからめて冷蔵庫で10分以上おく。

2 ご飯に貝割れ大根を広げてのせ、まぐろと残ったしょうゆもかける。わさびをのせる。

とろとろ卵の幸せ

親子丼

息子たちが小さかった頃、忙しい日はこれだけで夕飯を済ませたこともありました。大人になっても好物であることは変わらないようで、一人暮しの晩ごはんにときどき作っているようです。

材料（1人前）

鶏もも肉（小さめの角切り）…60g
玉ねぎ（薄切り）…30g
長ねぎ（薄切り）…3cm分
卵（とく）…1〜2個分
A
- だし汁…½カップ
- しょうゆ…大さじ1
- みりん…大さじ1
- 砂糖（好みで）…小さじ½程度

熱いご飯…1人前

作り方

1 20cm程度の鍋またはフライパンにA、鶏肉、玉ねぎ、ねぎを入れ中火にかけ、煮立ったら弱火にし、ふたをして3分煮る。ふたを取り全体を混ぜ、さらに1〜2分煮る。

2 とき卵を細くのの字を書くように回し入れる。半熟になったら火を止め、茶碗によそったご飯に汁ごとのせる。好みでもみのりなどを散らしても。

あんかけがたまらない

中華丼

やわらかい野菜のあんかけが白いご飯とよく合います。あんかけマジックで息子たちのリクエストが多いどんぶり物です。

作り方

60ページの「八宝菜」を熱いご飯にのせていただく。

母の十八番、
今では息子の得意料理

ミートソースパスタ

ミートソースはちょっと手間がかかりますが、野菜を丁寧にねっとりするまでいためることで、うまみが出てとてもおいしくなります。

パスタはもちろん、肉料理に入れたり、ご飯と合わせたり使い勝手の幅が広いので、毎回いっぱい作って小分けにして冷凍しておきます。

いざというときに本当に便利。

今では息子たちの手料理のレパートリーにもなっているようです。


材料(作りやすい分量/でき上り約900mℓ)

合いびき肉(または牛ひき肉。脂が多すぎないもの)…400g
玉ねぎ…200g
にんじん…100g
セロリ…100g
にんにく…1かけ
オリーブ油…大さじ3
トマト缶(ダイスカット)…1缶(400g)
赤ワイン…½カップ
ローリエ…1枚
タイム…適量
塩…小さじ1
こしょう…少々
パスタ…適量
粉チーズ…適量

作り方

1 野菜はすべて細かいみじん切りにする。にんじんはすりおろしてもいい。

2 鍋にオリーブ油をひき中火で熱し、1の野菜をすべて加えさっと混ぜ、油をからめる。水大さじ2程度を加えて、煮立ったらふたをして弱火にし、ときどき混ぜながら焦がさないように15分程度加熱する。焦げそうならさらに水大さじ1を加える。

3 野菜がねっとりしたら鍋の端に寄せる。強めの中火にしてひき肉を加え、軽く火を通したら野菜と混ぜ合わせる。赤ワインを加え、強火にしてしっかり煮立ててアルコールを飛ばし、トマト缶、ローリエ、タイム、水½カップを加える。煮立ったらふたをずらしてのせ、弱火で30分、焦がさないようにときどき混ぜながら煮込む。仕上げに塩、こしょうで味を調える。

4 パスタを表示どおりにゆで、3のミートソースを好みの量あえ、粉チーズをかけていただく。

野菜はなるべく細かいみじん切りに。

上　野菜に油をからめ、水を加えてときどきかき混ぜながら、ねっとりするまでいためる。/右　ひき肉、赤ワイン、トマト缶、ハーブを加えてさらに煮込む。

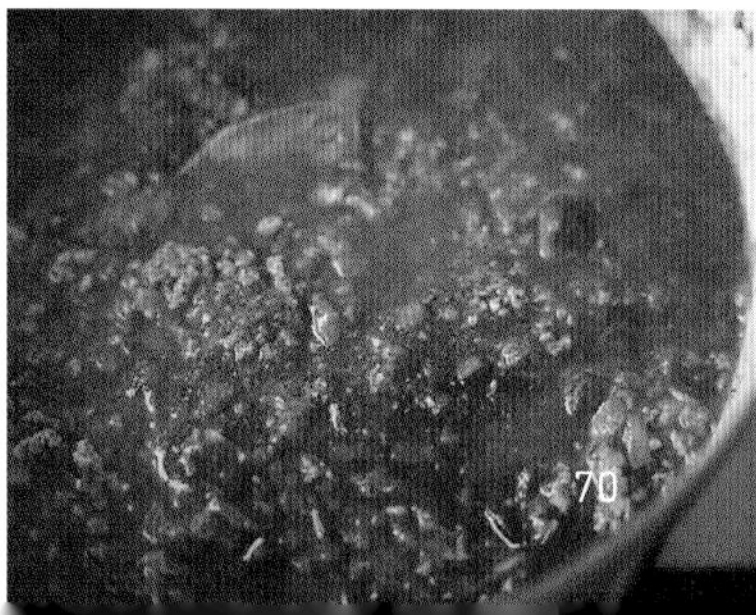

休日の昼に、お弁当に、
ずいぶんお世話になった味

焼きうどん

**これも私の実家の定番を受け継いだ味です。
玉ねぎと豚肉でシンプル塩味をベースに、ときには
カレー味、ときにはケチャップ味、ときには最後に
粉チーズをふってと気分によって味を変えます。
ソース味は焼きそばに任せます。**

材料（1人前）

うどん…1玉
玉ねぎ（薄切り）…⅓個分
豚こま切れ肉（一口大に切る）…60g
サラダ油…大さじ½
塩、こしょう…各適量
粉チーズ…適量

作り方

フライパンにサラダ油をひき中火で熱し、玉ねぎ、豚肉を入れ、豚肉に火が通るまでいためる。うどんを加え、ほぐしながら3分程度しっかりいためる。塩、こしょうで味を調え、器に盛り、粉チーズをかける。

熱々はふはふ、身も心もほっかほか

鍋焼きうどん

**夜食に、昼食に、熱々を鍋ごと食べる幸せ！
昨年息子たちが独立して一人暮しを始めるときにも
一人用の土鍋を持って旅立ちました。
体がぽかぽかに温まるので、
風邪を引きそうだな……というときにも。**

材料（1人前）

うどん…1玉
だし汁…1½カップ
A ┌うす口しょうゆ…大さじ1½
　 └みりん…大さじ1½
B ┌かまぼこ…2枚
　 │鶏もも肉（食べやすい大きさに切る）…50g
　 └青菜、しいたけなど…各適量
卵…1個

作り方

土鍋にだし汁とA、うどんを入れ、Bをのせ、中火にかける。煮立ったら弱火にし、3〜4分煮る。卵を割り入れ、好みの半熟に仕上げる。

幸せのあんかけ卵とじ

鶏卵うどん

**しょうがをきかせたあんかけ卵とじうどんですが、
これも私の実家の定番の味です。
子どもたちも大好きで、だしのうどんより
あんかけのうどんのほうがワンランク上のようです。**

材料(1人前)

うどん…1玉
鶏胸肉(食べやすい大きさに切る)…60g
卵…1個
だし汁…1½カップ
A ┌ しょうが(すりおろし)…小さじ1程度
　│ うす口しょうゆ…大さじ1½
　└ みりん…大さじ1½
かたくり粉…大さじ½(水大さじ1で溶く)

作り方

卵はときほぐす。鍋にだし汁とAを入れて中火にかける。沸騰したら鶏肉とうどんを入れ2〜3分煮る。よく混ぜた水溶きかたくり粉を鍋中を混ぜながら加えとろみをつける。仕上げにとき卵を加え、かき玉状にする。

寒い朝の暖かチャージ

にゅうめん

**私は関西人なので、
常備する乾麺といえばそうめんです。
夏の冷やしそうめんもよく作りますが、
寒い日の朝ごはんメニューとしてにゅうめん。
お汁は薄めに仕上げて飲み干します。**

材料(1人前)

そうめん…1〜2束
だし汁…1½カップ
A ┌ うす口しょうゆ…大さじ1½
　└ みりん…大さじ1½
梅干し…1個
万能ねぎ(小口切り)…1本分

作り方

そうめんは表示どおりにゆでて湯をきり、水でもみ洗いをして水気をきっておく。鍋にだし汁とAを入れて煮立て、そうめんを入れてさっと煮る。器に盛り、梅干しと万能ねぎをのせる。

今宵のおつまみ

息子たちは日本酒やビールの資格を取ってしまったほど
お酒に関することに興味津々。
親も含めて酒飲みが揃っているわが家です。
彼らが成人してからは家族はもちろん、
友人たちも招いて家飲みの機会が増えました。
自然と酒の肴レシピは増え、
とてもご紹介しきれないほど。
今回は息子たちの意見を反映し、
中でも人気の一〇品を選んでみました。
昨年一人暮しを始めた息子たち。
友人たちとの家飲みにはそれぞれ
お気に入りつまみを作って楽しんでいるようです。

誰もが驚く、おいしさと簡単さ

まぐろのごま焼き

「ごまが全面にびっしりで、こんなに簡単に作れるのに、うまい！」とは次男。まぐろのさくが安かったときに買って作ってみたら、むしろさしみより好きな味に。バルサミコ酢をちょっとたらして食べてもおいしいです。

材料（作りやすい分量）

まぐろ（形が整っているもの）…1さく（200g）
白ごま、黒ごま…各大さじ1程度
オリーブ油（焼きつけ用）…小さじ2
塩…適量

ごまは落ちないように指でしっかり押しつける。

作り方

1 まぐろは塩小さじ⅓をまんべんなくすり込み、バットなどに入れラップフィルムをかけて20分程度冷蔵庫でおく。余分な水分を軽くキッチンペーパーで押さえる。別のバットにごまを広げ、まぐろを押しつけるようにしてごまを全面につける。

2 フライパンを強めの中火で熱し、オリーブ油をひき、まぐろを入れる。1面15秒を目安にごまのついた面をたたき状態に焼き上げ、冷ます。1.5cm幅に切る。

意外な組合せでしょ！

蓮根のクリームチーズあえ

蓮根好きなんですが、クリームチーズであえてみたら、二つの食感の違いが楽しくて。一気にお酒がすすみます。

材料（作りやすい分量）

蓮根（食べやすい大きさに切る）…150g
クリームチーズ（室温に戻す）…40g
塩、こしょう…各適量
サラダ油…大さじ½

作り方

フライパンにサラダ油を中火で熱し、蓮根をいため、塩、こしょうをする。ボウルに蓮根を取り出し粗熱を取る。クリームチーズを加え、全体にチーズがからむように混ぜ、こしょうをふる。

しゃれたお味で人気者

プルーンのベーコン巻き

**ベーコンで包んだプルーンを
トースターで焼くだけ。
しょっぱいベーコンと自然な
甘みのドライフルーツの組合せ。
ヨーロッパ風です。**

材料（4人前）

プルーン（種抜き）…8個
ベーコン（長いもの）…4枚

作り方

長さを半分に切ったベーコンを1枚ずつプルーンに巻き、オーブントースターの天板にホイルを敷いた上に、巻終りを下にして並べる。軽く焼き色がつくまで焼く。

別名“生ハムのガーッ”

生ハムディップ

**「家飲みのときに作って出したら
『なんだこれは！』と友人たちに大反響。
切落しのハムをガーッと混ぜるだけ
なのにうまい」これは長男談。
ねっとり感もたまりません。**

材料（作りやすい分量）

生ハム切落し…100g
生クリーム（乳脂肪分40％以上）
…½カップ
こしょう…少々

作り方

生ハムをフードプロセッサーにかけ、しっかり細かくなったら生クリーム、こしょうを加えて全体が均一になるまでさらに攪拌する。クラッカーやフランスパンとともにいただく。

冷蔵庫にある材料でささっと

ねぎのだし巻き

みんなが大好きなだし巻き卵。
つまみはもちろん、お弁当の
おかずにもなる万能選手。
桜えびを加えてもいいですよ。

材料（作りやすい分量）

卵（泡立てないようときほぐす）…3個分
万能ねぎ（小口切り）…2〜3本分
だし汁…70㎖
うす口しょうゆ…小さじ1
みりん…小さじ1
サラダ油…適量

作り方

卵にだし汁、しょうゆとみりん、万能ねぎを入れて混ぜる。卵焼き器を中火で熱し、サラダ油をひき、卵液を少しずつ入れてだし巻きを焼く。

マンゴーがいい仕事するんです

ドライマンゴー入り キャロットラペ

ドライマンゴーの自然な甘みが加わることで
酸味がマイルドにぐっとおしゃれな味になります。
レーズンよりさわやかで、大人はもちろん
小さな子どもにも人気です。

材料（作りやすい分量）

にんじん（せん切り、
　またはスライサーで細切り）…1本分（150g）
ドライマンゴー（細切り）…30g
レモン汁…大さじ1
塩…小さじ1/3
こしょう…少々
サラダ油…大さじ2

作り方

ボウルにすべての材料を入れて混ぜる。

コリコリ食感！

砂肝中華マリネ

これは私の大好物です。
ごま油の風味に食欲がそそられ、
砂肝の食感でもうやめられない！

材料（作りやすい分量）

砂肝（5㎜厚さに切る）…200g
長ねぎ（斜め薄切り）…1本分（100g）
にんじん（細切り）…30g
しょうが（みじん切り）…小1かけ分
サラダ油…大さじ½

A
- 酢…大さじ2
- しょうゆ…大さじ2
- 砂糖…大さじ1½
- 水…大さじ2
- ごま油…大さじ½

作り方

フライパンにサラダ油をひき中火で熱し、砂肝を火が通るまで3分程度いため、Aを合わせたボウルに入れる。フライパンを再度中火にかけ、ねぎとにんじん、しょうがを10秒程度いため、ボウルに加える。全体をよく混ぜ、30分程度おいてなじませる。

永遠のクラシックメニュー

ハムのマリネ

ハムと玉ねぎさえあればできる簡単さ。
春の新玉ねぎで作ると甘みが加わります。
ハムもちょっとおいしいもので
作るとグレードアップ。

材料（作りやすい分量）

ハム（薄切り／ちぎる）…80g
玉ねぎ（繊維を断つようにごく薄切り）
　…1個分（200g）

A
- 酢…大さじ1½
- サラダ油…大さじ3
- フレンチマスタード…小さじ1
- 塩…小さじ¼
- こしょう…少々

作り方

玉ねぎは水につけ軽くもみ、水を替え10分程度さらす。再度軽くもみ、ざるにあけ水気をきり、さらにしっかり絞る。ボウルにAを合わせ玉ねぎとハムを入れて混ぜる。なじむまで30分以上おく。

紅しょうがも入れちゃいます

ちくわの磯辺揚げ

ちくわはちょっと揚げるだけで家族の反応が違います。練り物全般にいえるのは、揚げると生よりもこくが出ます。

材料（作りやすい分量）

ちくわ（縦横それぞれ半分に切る）…3本分

A
- 小麦粉…大さじ2
- かたくり粉…大さじ1弱
- 青のり…小さじ1
- 紅しょうが（汁気をきって刻んだもの）…大さじ1

揚げ油

作り方

ボウルにAと水大さじ1弱を入れて混ぜる。この中にちくわを入れて衣をからめ、170℃の揚げ油でこんがり揚げる。

なんと、あえ衣はアボカドです

緑あえ

白あえに比べたら、アボカドの緑あえの手間いらずなことといったら。ワカモレだけではもったいない！青菜は三つ葉や春菊など香りがあるものでも。

材料（作りやすい分量）

アボカド…1個

小松菜（さっとゆでる）…½束（100g）

A
- レモン汁…小さじ1
- 塩、こしょう…各適量

作り方

小松菜は食べやすい長さに切る。アボカドは種を取ってスプーンで実を出してボウルに入れる。フォークでつぶしてAで味をつける。小松菜を加えてあえる。

上田淳子 うえだ・じゅんこ

料理研究家。神戸市生れ。辻学園調理技術専門学校卒業後、同校の西洋料理研究職員を経て渡欧。スイスのホテルやベッカライ(パン屋)、フランスではミシュランの星つきレストラン、シャルキュトリー(ハム・ソーセージ専門店)などで約3年間料理修業を積む。帰国後、シェフパティシエを経て、料理研究家として独立。自宅で料理教室を主宰するほか、雑誌やテレビ、広告などで活躍する一方、双子の男の子の母としての経験を生かし食育についての活動も行なう。フレンチの確かな技術をもとにした家庭料理のレシピに定評がある。著書に『3歳からのおべんとう』『父と母へのごはん便』(共に文化出版局)など多数。近著は『今あるフライパンで最高の味 NEW ONE PAN RECIPES』(主婦の友社)、『フランスのおうちごはん クリュディテ』(主婦と生活社)。

撮影　木村 拓

デザイン　野澤享子、楠藤桃香(Permanent Yellow Orange)
調理アシスタント　高橋ひさこ、田中美奈子、よしのかのこ
校閲　位田晴日
編集　鈴木百合子(文化出版局)

テーブルクロス協力　アクセル ジャパン

上田家ごはん
息子たちと一緒に育ったレシピ

2023年3月30日　第1刷発行

著者　上田淳子
発行者　清木孝悦
発行所　学校法人文化学園 文化出版局
〒151-8524
東京都渋谷区代々木3-22-1
電話03-3299-2479(編集)
03-3299-2540(営業)
印刷・製本所　株式会社文化カラー印刷

文化出版局のホームページ
https://books.bunka.ac.jp/